制胜之道
换个视角看战争

王牌飞行员的天空

空战英豪

楚水昂 等著

江苏凤凰文艺出版社

图书在版编目（CIP）数据

空战英豪：王牌飞行员的天空 / 楚水昂等著. -- 南京：江苏凤凰文艺出版社，2019.12（2023.3重印）
（制胜之道：换个视角看战争）
ISBN 978-7-5594-4290-1

Ⅰ.①空… Ⅱ.①楚… Ⅲ.①空战－飞行人员－介绍－世界 Ⅳ.① K815.2

中国版本图书馆 CIP 数据核字 (2019) 第 272532 号

空战英豪：王牌飞行员的天空

楚水昂等 著

出 版 人	张在健
责 任 编 辑	张恩东 汪 旭
装 帧 设 计	观止堂_未 氓
责 任 印 制	刘 巍
出版社地址	南京市中央路165号，邮编：210009
出版社网址	http://www.jswenyi.com
印 刷	江苏凤凰通达印刷有限公司
开 本	718×1000 毫米 1/16
印 张	15.5
字 数	238千字
版 次	2019年12月第1版 2023年3月第2次印刷
标 准 书 号	ISBN 978-7-5594-4290-1
定 价	498.00元（全七册）

（江苏凤凰文艺版图书凡印刷、装订错误可随时向承印厂调换）

《空战英豪》撰写组

主　笔：楚水昂

副主笔：孙冠楠　徐俣强　张　凡

撰写者：（以下按姓氏笔画排名）

邢濒鹤　孙　晶　杨　明　郑冬晓　郭笑凯

总 序
TOTAL PREFACE

让青年人爱军事

在新中国成立70周年来临之际，江苏凤凰文艺出版社送来了一群年轻人创作的军事丛书《制胜之道：换个视角看战争》，想约我为新书写篇序言。手抚其卷之余，我欣喜地看到，在市场经济与信息时代的浪潮中，共和国80后、90后不仅没有成为"垮掉的一代"，反而更加关心国防、关注军事、关切战争，正在成为国防和军队现代化建设的主力军。

在这个年轻的创作团队中，既有机关参谋、军校教员、基层军官等现役军人，也有地方高校老师、军刊编辑等军事专家。尽管大家天各一方、职业不同，却出于对国防的共同热爱，从五湖四海走到一起来，一手拿笔、一手执枪，重返战场、追思战史、复盘战例、推敲战法，充分体现了当代中国青年一代直面现代战场、打赢未来战争的勇气和胆识。作为一个从军几十年的共和国老兵，特意为这套丛书写几句发自肺腑的推荐语。

军事本来就很精彩，值得悉心品味。自近现代以来，战争与工业文明紧密结合在一起，军事逐渐成为一门科学，战法逐渐成为一门艺术。这套丛书用讲故事的方式，从名将战法、空中作战、传奇海战、武器迭代、战场环境、军队服饰、装备命名等剖面入手，生动呈现了人与战的关系、铁与火的洗礼、生与死的考验、胜与负的转换、钢与硅的结合……绘就了一幅浓墨重彩的战争画卷，把军事斗争的矛盾性、对抗性、科学性、艺术性生动地呈现在读者面前。

军事本来就很传奇，时常引人入胜。《孙子兵法》开篇一句："兵者，国之大事，死生之地，存亡之道，不可不察也。"古往今来，为了打赢战争、消灭敌人，世界各国军人无不在战争中迸发出了最高智慧和最大力量。这套丛书纵横陆海空战场，精心遴选大众普遍关心而又了解不深的交叉选题，写活了出奇制胜的战法技术，解析了涤荡起伏的战局转折，再现了超越极限的战史传奇，还原了经典战例的神韵色彩，是不可多得的精品力作。

军事本来就很有趣，令人忍俊不止。《战争论》的作者克劳塞维茨指出："战争是不确定性的王国。"在与战争有关的军事领域，什么阴差阳错的事情也可能发生，时而充满苦涩，时而可笑无奈。这套丛书跳出了传统军事科普堆砌资料、数字的窠臼，在不失严肃准确的同时，大胆采用启发式行文结构、网络化叙事方式、趣味性语言风格，把幽默风趣的军事素材挖掘出来、让"正襟危坐"的军事叙事轻松活泼起来，努力成就大众喜闻乐见的轻松阅读体验，吸引读者想看、爱看、真正钻进去看。

梁启超先生昔日曾言："少年强则国强；少年雄于地球，则国雄于地球。"当今时代，天下虽安、忘战必危。中华民族要实现伟大复兴，中国军队要成为一流军队，离不开全民国防的支撑，离不开青年人对军事、对战争的关注和热爱。希望更多的青年人通过这套丛书，关心国家安全，支持国防和军队建设，以更多热情擎起父辈的旗帜，推动新时代强军之路，拥抱明天的星辰大海。这也正是这套丛书的创作初衷和价值所在。

是为序。

中国人民解放军国防大学教授　马骏

二〇一九年六月于京

开 篇 词
OPENINGWORD

王牌在天空

如果说一战是空中作战的古典战争时期，那么二战的空中战场则是空战的现代战争时期。如果说一战的空战还有些许的浪漫气息，二战的空战不但是钢铁的较量，也是血肉与意志的较量。

所以，二战是空战最经典的时期，二战也是王牌飞行员辈出的时期，二战既是人类文明的灾难，也见证了人类如何用自己的文明与意志来消灭战争灾难。所以，和以往介绍世界各国王牌飞行员的书籍不一样的地方，本书选取的飞行员，都是二战中的王牌飞行员。而且，他们有些人精神尚未远去，甚至本人都存活到了21世纪初。同样，这也不单是一本只写飞行员本身的书籍，任何一个伟大的人物，一旦脱离其时代背景，讲述起来，都是空洞的，也失去其最大意义，换句话说，有多时候，时代的局限性才是英雄的最大意义所在。所以，在编写本书时，不但写飞行员，也写其采用的战术，也写王牌飞行员的"座驾"，而且尽量详尽的介绍该国当时的作战背景，为的是了解王牌飞行员何以炼成，为的是了解战争的残酷。

同时，了解这些英勇顽强的王牌飞行员们，也是为了从他们的伟大精神中，看出他们对国家的热爱，看出他们虽然有自己挚爱的妻子，有年老的父母，有幼小的儿女，却毅然决然的走向战场，没有他们，人类又如何用自己的文明和意志来消灭战争灾难呢？更何况，本书中还介绍了许多身残志坚的王牌飞行员，这样的人，对于战争中的人民，能带来巨大的鼓舞作用，是一种不屈精神的象征，对于今天的人，依然是一种巨大的精神象征。

同时，和以往那些过分强调英雄主义，强调那些特别有名的王牌飞行员不一样的地方，本书中介绍了许多不太一样的王牌飞行员，堪称填补国内在这类文章的空白。而这些王牌飞行员的经历，正是一部部鲜活的历史。了解他们，做个对比，能看出今天的幸福是来之不易的。

我们所奋斗的，我们所希望的，都是为了我们这个民族，能在这个蓝色的星球上，能屹立不倒，我们的目标是星辰大海。那么，我们就不应该忘记曾经发生过的这些王牌飞行员的感人事迹，因为战争从未远去。

本书第 1 章～4 章由楚水昂撰写，第 5、6 章由孙冠楠撰写，第 7、8 章由徐俣强撰写，第 9、10 章由张凡撰写，第 11 章由郭笑凯撰写，第 12 章由郑冬晓撰写，第 13 章由杨明撰写，第 14 章由孙晶撰写，第 15 章由邢濒鹤撰写。

衷心希望我们的这本小书，能给各位读者带来愉悦和欢乐。唯愿岁月静好，我们伴您继续前行。

本书撰写组
二〇一九年六月

目 录
CONTENTS

✈ 卫国战争英豪

01 谁是第一——记二战苏联王牌飞行员
　　波克雷什金　　　　　　　　　　　　　　　　002

02 二战盟国第一王牌飞行员
　　阔日杜布　　　　　　　　　　　　　　　　　018

03 世界上首位女王牌飞行员
　　莉莉娅·李柯娃　　　　　　　　　　　　　　030

✈ 绝代双雄

04 二战中的两位无腿飞将军
　　道格拉斯·巴德和阿列克谢·马拉斯耶夫　　　044

✈ 约翰蛮牛

05 "喷火"之王——二战英国第一王牌飞行员
　　詹姆斯·埃德加·约翰逊　　　　　　　　　　058

06 来自南非的英联邦头号王牌飞行员
　　摩根·托马斯·圣·约翰·帕特尔　　　　　　074

✈ 扬基们，战斗吧

07　40 面膏药旗——记二战美国头号王牌飞行员
　　理查德·邦　　　　　　　　　　　　　　　　096

08　他曾被谁击落？——美国两战王牌飞行员
　　加布里埃尔　　　　　　　　　　　　　　　　108

09　美国海军陆战队头号王牌
　　格里高利·博因顿　　　　　　　　　　　　　122

✈ 自由的法兰西

10　经历最曲折的二战法国第一王牌飞行员
　　皮埃尔·克鲁斯特曼　　　　　　　　　　　　144

11　来自东线的法国第二王牌飞行员
　　马塞尔·阿尔贝特　　　　　　　　　　　　　156

12　世界上第一个黑人王牌飞行员
　　索维吉　　　　　　　　　　　　　　　　　　172

13　空军决定一切
　　早期的飞机反舰理论　　　　　　　　　　　　186

14 "最划算的买卖"
   飞机反舰经典战例回顾 204

15 **美国华侨的航空救国之路** 218

卫国战争英豪

01 谁是第一—— 记二战苏联王牌飞行员
波克雷什金

在谈到有关二战中谁是盟国第一王牌飞行员的话题时，相关史料总会有些争执，因为按照公开的击落敌机数量，苏联飞行员阔日杜布肯定位列第一，但总有许多人会认为苏联的另外一位王牌飞行员波克雷什金，才是当之无愧的盟国第一王牌飞行员。为何？这一切，自然和波克雷什金的生平有莫大的关系：

亚历山大·伊万诺维奇·波克雷什金（1913-1985），被誉为是苏维埃空战战术之父，其曾经升空作战多达650次，参加空战156次，公开数据是击落敌机59架，第一位三次获得"苏联英雄"称号的苏联军人，这些功绩，显然不是一般人所能拥有的，作为二战中苏联响当当的王牌飞行员，波克雷什金的飞机只要一起飞，德国人就会在无线电中互相高声提醒："小心，小心，波克雷什金来了！"

> 波克雷什金和他的 P-39

普通工人家庭飞出的夜鹰：英雄飞行员的成长之路

亚历山大·伊万诺维奇·波克雷什金于 1913 年 2 月 21 日出生于苏联尼古拉耶夫斯克（现新西伯利亚）的一个普通工人家庭。尼古拉耶夫斯克，也就是新西伯利亚，在许多国人的眼中，大概是十分陌生的字眼，但该市绝对不能忽视，因为它是目前俄罗斯国内仅次于莫斯科和圣彼得堡人口第三多的城市，也是整个西伯利亚地区最大的城市，而这个城市居然于 1893 年才开建，而其建成的原因很简单——西伯利亚铁路，目前，新西伯利亚市是俄罗斯教育、工业最发达的地区之一，近年来中俄之间签订了许多合作协议，而其中许多就是和该市签订的，而该市之所以吸引中国，自然是其发达的工业，而这却不得不和西伯利亚铁路联系上——历史上，在沙俄侵占了面积达 1200 平方千米的西伯利亚地区后，由于交通落后，远东虽然资源丰富，却一直几乎是流放犯人的地方，直到 1890 年，沙皇亚历山大三世正式颁布建设西伯利亚铁路的命令，工程最早从符拉迪沃斯托克开始。1892 年，铁路工程开始从西往东修建，西段的起点是车里雅宾斯克。也就是在往东修建铁路的过程中，原本荒芜的西伯利亚开始忙碌起来，包括尼古拉耶夫斯克这样的城市也拔地而起。1904年的日俄战争，俄国赶工赶点地把西伯利亚铁路修通了，要不然，日俄战争俄国会输得更惨。

波克雷什金出生时，这个城市已经诞生20年了。由于铁路的作用，很类似于美国的西部大开发（也可以叫做俄国的东部大开发吧，和美国的西部大开发一样，俄国当时也雇用了几十万的华工来修建铁路，主要是在我国的东北地区、山东、河南等地招募的，相对于美国的华工，在俄国的华工更不得而知，近年来国内总报道华工在俄罗斯的非人待遇，历史上其实是有过之而无不及），尼古拉耶夫斯克的工业基础不错，有大量的产业工人，波克雷什金就出生于一个普通工人的家庭。1928年，波克雷什金中学毕业，此时苏联已经建立6年，由于讲究出身，根正苗红的波克雷什金又进入技校，学习的是钳工，此时的波克雷什金已经在航空俱乐部学习飞行。很顺利的，1932年，年仅19岁的波克雷什金进入空军，先是在彼尔姆（这是一个可怕的城市，曾是苏联的集中营，关押了许多知名的犯人，也是苏联的军火库，曾有许多苏联的军工企业，同样的是，该市也是乌拉尔以东的城市）的航空技术学校学习，后来以优异的成绩毕业于列宁格勒航空军事理论学校。

在学校期间，波克雷什金就对飞行疯狂地着迷，几乎全部的时间都用在了研习飞行方面，训练极其刻苦，由于喜欢动脑筋想主意尤其是疯狂的主意，还得到了"怪点子"的绰号。在其自传《碧血长空——苏德空战亲历记》中，波克雷什金曾经这样记述自己：这是我的飞行实践中的一个重要特征。我喜欢做猛烈的动作，喜欢飞极限速度、极限高度。飞特技时，我总是力争做到手与脚的动作默契配合。这一点在做垂直特技动作和退出俯冲时尤其要紧。有些人被我的"玩命"动作吓昏了头，说我的飞行动作是"怪点子"。但是理智和谨慎是一回事，不顾飞机性能，一味地蛮干，那就是另一回事了。有些人认为，与敌机进行空战，完全和机场上空进行的空战训练是一样的，一切都要严格地按照一成不变的固定样式进行，只能以编队形式进行，那就是大错特错了。

在学校组织的射击比赛中，按照标准，能够把空中运动靶打穿12个洞就是优秀的成绩，但技术熟练的波克雷什金却能一次打出40个窟窿来。对于此点，波克雷什金曾经有过这样的描述：摸到飞机的脾气并不等于摸透，你要不断地向前探索才行，你要勇敢地承受过负使你产生的压迫感，要努力发掘飞机做机动动作的极限潜力和极限速度潜力。

航空军事理论学校毕业后，波克雷什金依然对自己的飞行技术不满意，于是居然先后给上级指挥员、空军总司令、国防人民委员递交40多份申请书，申请到同样位于列宁格勒的卡钦飞行指挥学校学习，在那个激昂着理想的年代（也伴随着大清洗），上级居然最终批准，波克雷什金如愿以偿地进入自己理想中的学校并于1939年毕业于该校，随即被分到了敖德萨军区的第55歼击航空团，1941年，已经升为上尉的波克雷什金已经成为一名副大队长，而且成为该团最早驾驶米格-3战斗机的飞行员之一。

> 波克雷什金和他的P-39

不幸中的幸运：英雄的成绩来自于磨练

由于卫国战争爆发，大尉波克雷什金立刻奔赴前线。此时，他的座驾米格-3，其实是米格系列战斗机第一款——米格-1战斗机的改型。该机尽管优秀，但却不适合苏德战场，因为苏德战场主要是中低空的缠斗和对地攻击，相对而言苏联的雅克系列和拉系列战机更适合此类任务。此时的波克雷什金尽管飞行经验已经非常丰富，但仍缺乏实战应敌经验，对于此时刚刚装备部队的米格-3战斗机，也不是完全掌握其要领，但仍然义无反顾地奔向战场。可惜的是，由于战场指挥已经混乱，而且当时苏联的苏-2单引擎轰炸机被视为高度机密，仅仅少数人知道，所以当波克雷什金率领自己的米格-3中队第一次参战时，并没有认出这种从未见过的轰炸机，当发现敌机时，波克雷什金立刻瞄准其中一架，并给了一个短射，由于距离很近，所以根本不可能脱靶，以至于该轰炸机爆炸带起的气流使得波克雷什金自己的飞机都震颤了（该轰炸机的驾驶员是普斯特戈，后来成为苏联空军元帅、苏联英雄），但就在波克雷什金紧急摆脱扰流，并希望展开第二波攻击时，却突然发现了轰炸机机翼上的红星标志。此时，其他的米格-3也进入了攻击位置，明白过来的波克雷什金立刻挡在了战友们攻击位置的前面，并摇动机翼示意，这才没有造成进一步的误伤。由于战争初期的混乱（战争初期苏联有几千架飞机被击毁，大部分居然是在地面），波克雷什金没有被送上军事法庭。尽管如此，这也够波克雷什金懊恼的了。幸亏，第二天，也就是1941年3月23日，波克雷什金便击落了一架德国的Bf-109，24日，其又击落一架Bf-109，飞行员是德国第七十七联队第二大队的奥图·库哈尔上士。两天后，波克雷什金再次击落敌人两架Hs-126型侦察机，27日，第55飞行团的米格-3战斗机在团长的带领下进行战斗巡逻，战斗异常顺利，团长击落一架德国的HS-126，但当他们的6架米格-3发现预定目标——一队德国的运输车队并想进行攻击时，却落入德国第77战斗机联队8架Bf-109的圈套，迎敌中，波克雷什金突然发现团长和其他4名战友和自己分开，而自己要单独面对4架Bf-109的围攻，费尽九牛二虎之力，波克雷什金居然击落敌机一架。返回部队后才发现自己有一名战友被击落。仅仅几个小时后，波克雷什金不得不再次升空，因为德国轰炸机群这次的目标是他们驻扎的机场，空战中，波克雷什金击落了一架Ju-88。

如果仅仅看上面的成绩，似乎波克雷什金幸运之至，仅仅在开战的第一个礼拜，其就击落了6架敌机，成了名副其实的王牌，但如果了解这6架敌机被击落的背景，就不会如此感叹了，首先，在初期的空战结束后，波克雷什金所在的飞行团仅仅剩下了3名飞行员，其他的都被击落了，其次，波克雷什金本人曾经两度被击落：

第一次被击落是在亚西城附近，当时他为了掩护战友侦察，选择了俯冲歼敌的战术，但很快被地面的德国高炮击中发动机，飞机失去动力，速度也越来越慢，凭借着娴熟的飞行技术（多亏了在学校那几年下的功夫），波克雷什金努力地操纵着不断抖动的飞机，成功地滑翔了很长一段距离，最终坠落在一片树林之中，虽然飞机坠毁，但波克雷什金仅仅腿部受了轻伤，为了返回部队，波克雷什金忍受着饥饿，伤痛以及敌人的搜捕，在4天后，终于返回自己的机场，由于这段经历特别类似于苏联著名的自传体小说《真正的人》中的主人公，所以许多人就误以为波克雷什金就是该小说的原型，实际上，两者差别很大，小说原型阿列克谢·马拉斯耶夫在飞机坠毁后，双腿残废，后来不得不截去两个小腿，成了有名的无腿飞将军，而波克雷什金仅仅只是腿部受伤而已。

而另一次被击落，则是发生在上面所说的与4架Bf-109缠斗时，尽管波克雷什金神奇地以一敌四，居然击落敌机一架，但全身而退显然也不可能，要知道那时德国的战斗机飞行员技术可是普遍高出苏联飞行员很多的，所以他的座机也被击中，飞机操纵系统失灵，飞机再次坠向地面，幸运的是，波克雷什金再次仅仅只是轻伤，很快他又返回部队。

这两次磨难如果对于一般人，也许会造成意志消沉，但对于波克雷什金

> 波克雷什金站在被击落的德国战机上

这样的王牌飞行员，却是另一种境遇，在其后来的回忆录《碧血长空——苏德空战亲历记》他曾这样描述自己对飞机击落的感受："我又一次死里逃生，我似乎比任何最可怕的武器都要强大。""我总能绝处逢生！"……

有这样的经历，波克雷什金才能总在出战之前，做出通过无线电向敌人宣战这样的事情："德国飞行员听着，伟大的王牌飞行员波克雷什金就要出战了。"于是才会出现上文那一幕，随后的德国飞行员也总会通过无线电互相提醒："小心，小心，波克雷什金来了。"

空中战术之父的来由

上面说过，波克雷什金在学校学习飞行技术时，便有"怪点子"的美名，而在其正式加入空军后，尤其是在成为优秀的飞行员和指挥员之后，在空战理论方面更是发挥了自己"怪点子"的特长，作为一名善于动脑子的飞行员，波克雷什金总是随身携带着上面绘有空战示意图的地图（该地图现收藏于俄罗斯武装力量中央博物馆），作为最早自行作战的猎手飞行员之一，波克雷什金摸索出了许多很实用的空战战术，波克雷什金有一个很有名的被证明极其有效的克敌制胜的公式："高度—速度—机动—火力"。他所指挥的飞行员就是运用该技巧歼灭了大量的德军飞机。经过长期的摸索和总结，波克雷什金还创造出了许多适合苏联空军运用的空战战术，比如他曾经提出将苏联空军以往的 3 机编队改成 8 机编队（3 机呈 V 字形编队也是一战后到二战爆发这二十年时间中世界各国的标准战术，飞机的密集编队战术到美越战争后才逐渐被摒弃），以每两架一组背向太阳梯次配置的设想（该配置可以防止敌机的突袭，密集而没有梯次、高度差异的战机很容易被敌人打下来），该设想曾经被苏联高层视为十分狂妄的想法，但在 1943 年 4 月 17 日–6 月 10 日的库班空战中，波克雷什金凭借着这一背经离道的战术，以少胜多，击落了众多的德国飞机，从此，波克雷什金的 8 机编队战术被承认并推广到了苏联所有的战斗机部队，而这种战术更是被飞行员们亲切地称为"库班架子"。

由于这些贡献，波克雷什金被誉为苏维埃空中战术之父。1944 年，其更是接到了空军总司令诺科维奇的命令，前往莫斯科担任航空学校校长，但波

> 米格 3 战斗机，波克雷什金初上战场驾驶的就是该型飞机

克雷什金拒绝了总司令的要求并重回前线。

而除了这些，据科涅夫元帅回忆录中对各个苏联将领的称赞，科涅夫特别提到了波克雷什金将公路作为飞机起降跑到的创造，联想到战争初期苏联空军的窘迫模样，这一点便能理解，但波克雷什金能做出这一点，也的确能证明其的确是个异想天开的家伙，要知道即使在今日，公路起降仍是许多国家空军的课题。

第一位三次苏联英雄称号获得者

1943 年 5 月 24 日，由于波克雷什金指挥的飞行团在库班空战中的杰出表现：升空作战 54 次，完成飞行 354 个架次，击落敌机 19 架（个人击落 13 架，集体击落 6 架），时任近卫军第 16 近卫歼击航空团（北高加索方面军空军第 4 军第 216 混合航空师）航空大队长的波克雷什金被授予苏联英雄称号（金星奖章）和列宁勋章。

1943 年 8 月 24 日，由于完成 455 次作战飞行并个人击落 30 架敌机，近卫军第十六近卫歼击航空团（北高加索方面军空军第四军第九近卫航空师）团长亚历山大·伊万诺维奇·波克雷什金少校被授予第二枚金星奖章。随后波克雷什金参加了黑海上空和第聂泊河上空的战斗。

截至 1944 年 5 月，担任近卫军第十六近卫歼击航空团（乌克兰一方面军空军第八军第七歼击航空军第十六近卫歼击航空师）团长的波克雷什金中校已完成 550 次作战飞行，参加 137 次空战并个人击落 53 架敌机。5 月，波克雷什金被任命为第 9 近卫师师长。他驾驶舷号 N.100 的 P-39N 参加了利沃夫 – 桑多梅日战役中普鲁特河和亚瑟河上空的战斗。

1944 年 8 月 19 日，近卫军第 9 近卫师师长波克雷什金中校因"模范完成战斗任务，在与德国侵略者的战斗前线英勇作战，功勋卓著"被授予第三枚金星奖章。这样，波克雷什金成为第一个三次获得苏联英雄称号的人（第二

> 刚刚获得 3 枚金星勋章，也就是苏联英雄称号标志性勋章的波克雷什金

个三次获"苏联英雄"称号的是功勋卓著的苏联元帅朱可夫；第三位是苏联头号王牌空战英雄阔日杜布，波克雷什金获得第二枚苏联英雄勋章的排次是第十名，但获得第三次苏联英雄称号的时间实在来得太快）。

除了获得过 4 枚苏联英雄称号，其实是自己给自己发勋章并被无数人诟病的勃列日涅夫，波克雷什金能排名获三次苏联英雄称号第一名，其成绩的确在苏联历史上不多见，以至于波克雷什金去世后，天文学家切尔内赫将他发现的一颗行星命名为"波克雷什金星"，以表示对这位俄罗斯民族英雄的怀念。

谁是第一？

在获得第三枚苏联英雄勋章后，波克雷什金指挥第九近卫师挥师西进，参加了解放波兰、罗马尼亚的战斗，参加了柏林战役，然后在捷克斯洛伐克结束了战争（最后一次战斗 1945 年 5 月 9 日发生在布拉格）。波克雷什金共完成作战飞行 650 次，参加 156 次空战，个人击落敌机 59 架（非正式统计为 75 架），集体击落敌机 6 架。

上面说过，截至战争结束，波克雷什金的个人成绩是 59 架，而阔日杜布是 62 架。之所以许多人为波克雷什金抱屈，认为其才是苏联第一王牌飞行员和盟军第一王牌飞行员，除了上面所说的波克雷什金在飞行理论方面的贡献以及担任师长的原因，还有如下几点：一，从 1944 年 8 月开始，波克雷什金已经担任近卫军第九近卫师师长，冲锋陷阵的时候自然少了，而后起之秀的阔日杜布才能获得很快超越前辈的机会，况且到战争后期，德国所谓王牌飞行员的数量是越来越少，西线的空战也越来越激烈，用菜鸟来获得成绩，总会更容易些。

二，战争初期，由于苏联方面的混乱，尽管在战争的第一个星期中，波克雷什金就获得了击落敌机 6 架的成绩，但载着这些成绩的第 55 战斗机团的档案全部丢失，所以波克雷什金的这些成绩从未被承认，所以波克雷什金一直宣称自己的成绩是 72 架（也有说是 88 架），而不是数目相差悬殊的 59 架。当然了，如果那次乌龙事件，即击落苏-2 的成绩被计入，则是 73 架了。

空战英豪：王牌飞行员的天空

> 三位三次获得苏联英雄称号的"大人物"在一起；左起分别是波克雷什金、朱可夫、阔日杜布，他们胸前的三枚金星勋章就是最好的证明

正因为这些贡献，人们在比较苏联第一和第二位王牌飞行员时，位居第一的阔日杜布才说出了这样的话："我从来没采用过别的什么空战战术，我一直都是按着您教过的方法进行空战。我向您学习过作战，学习过生活，学习过做人。"

而波克雷什金指挥的歼击航空兵第九师，曾出动飞机3万架次，击落敌机近千架，1500余名官兵获得勋章和奖章，其中46人获得苏联英雄的称号，全师被授予"近卫歼击航空兵师"，"近卫红旗马里乌波尔——柏林歼击航空兵师"等荣誉称号。

在1945年6月24日的莫斯科红场阅兵仪式上，走在各方面军混成团里的将士，包括普通士兵、炮兵、飞行员等，都是获得过各种勋章的功臣，而波克雷什金则受命高擎乌克兰第一方面军的军旗，走在该军的最前方，接受斯大林等苏联最高领导人的检阅。

除了来自本国的各种荣誉，二战胜利后，反法西斯各盟国纷纷表彰波克雷什金的功绩。美国奖给他一枚"特别功勋"金质奖章；法国授予他"功勋飞行员"称号。波克雷什金还荣获了波兰、捷克斯洛伐克、匈牙利等国的许多荣誉称号。而二战正酣的 1944 年，美国总统罗斯福就曾说过："当今战争中最优秀的战斗机飞行员是俄国的波克雷什金。"

驾驶美国战斗机的王牌

苏德战争中，波克雷什金曾经驾驶过许多类型的飞机，比如米格 –3、伊 –16、雅克 –1 等，但其驾驶最多的飞机，既不是大名鼎鼎的雅克 –3，也不是雅克 –1，而是一款美国战斗机——P–39，波克雷什金曾经驾驶该机取得 48 架的成绩，占其击落敌机总数的八成多，所以也成了世界上驾驶该机取得最高成绩的人。

美国援助给苏联的 P–39 尽管是世界上第一款批量投入生产的发动机后置的战斗机（和现代战斗机差不多，二战及之前的飞机，发动机基本都是前置）。发动机后置具有如下优点：细长的机头流线型更好，视界也更好，而且机头可以容纳重型军械，前三点式起落架，操纵性更好，同时这种设计使得机翼也可以较小，从而提高了空速，但相应较大的翼载却又影响了战斗机的爬升性能和高空机动性能。所以该机在太平洋战场，根本无法比拟日本空军灵活的"零式"战斗机，而在欧洲战场，也很难和德国的 Bf–109 对峙，二战开始不久，该机即退出美军战斗机的序列。但对于当时的苏联空军来说，该机却

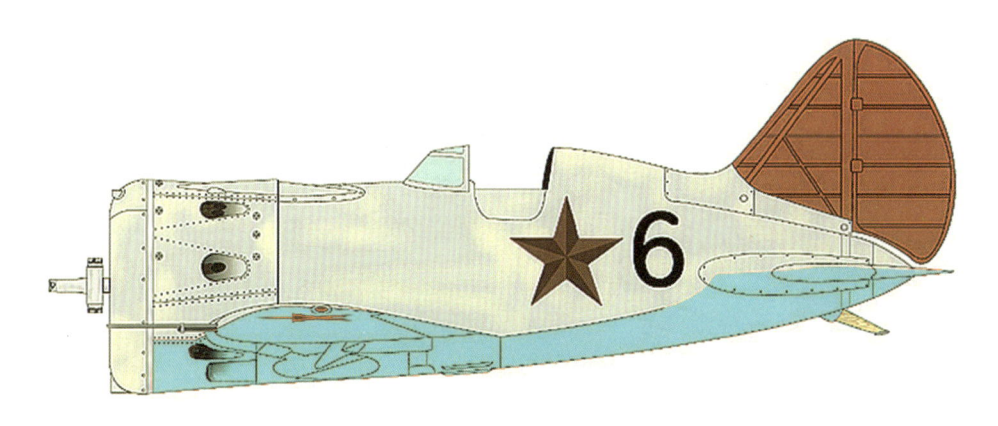

> I–16，波克雷什金也曾驾驶该型飞机获得战功，不过该机十分笨拙

> P-39 的升级版：P-63"眼镜蛇王"，与 P-39 相比，主要识别特征是螺旋桨由 3 叶改为 4 叶，垂尾作了修型

> 各种型号的 P-39，包括 P39D、P39Q、P39N 等

> 胜利后和获苏联英雄战友们在红场上

很宝贵，首先，苏联原本制造的战斗机在初期的战争中已经损失殆尽，亟需要大量补充，而通过租借方案，美国愿意提供的先进战机，也只有 P-39，其次，美国一来自己需要，二来还要留一手防着以后的苏联（对其他国家也差不多，美国二战中给英国、苏联等国的军舰，基本都是从国防后备役舰队，也就是退役后维护好的军舰，也就是大名鼎鼎的"幽灵舰队"中挑选出来的），最后 P-39 就成了最好的选择，原本 P-39 是支援英国的机型，但预订运往英国的 675 架，至少有 212 架运往了苏联。而到了 1944 年 8 月该机停产时，共生产了 9558 架，其中 4773 架援助了苏联，差不多占到战机产量的一半。

虽然美国飞行员不喜欢该机，但对于穷惯了的苏联飞行员来说，却发现该机也有自己的特长，由于是全金属的飞机，而不是蚊式那样大量采用木材的飞机，所以该机具有质量大、结实、火力猛等特点，俯冲起来可以获得极高的速度，而波克雷什金总结出的"高度—速度—机动—火力"公式，其实就是在使用该机的过程中总结出来的。凭借着该机，波克雷什金成了名副其实的王牌，也带动了一大批驾驶 P-39 的王牌飞行员。这大概可以成为二战中少有的国际合作的佳话吧。

像普通公民一样被埋葬

战后，波克雷什金曾担任防空军方面的指挥职务，1948年毕业于苏联将军的摇篮——伏龙芝军事学院后，又于1957年进修了成为苏联高级将领必读的学校——总参军事学院。1968年，波克雷什金被任命为苏联国土防空军的副司令，1972年被授予空军元帅军衔并于同年担任全苏支援海陆空军志愿协会中央委员会主席。波克雷什金共获得6枚列宁勋章，1枚十月革命勋章，4枚红旗勋章，2枚苏沃洛夫二级勋章，1枚卫国战争一级勋章，2枚红星勋章，1枚"苏联武装力量为祖国服务"三级勋章，多枚奖章，19枚外国勋章和奖章。新西伯利亚故乡设立了他的半身铜像。他还是新西伯利亚荣誉市民。著有下列作品：《战斗机机翼》《你的光荣使命》《战争的天空》《在战斗中认识自己》。

> 位于莫斯科新圣母公墓的波克雷什金坟墓

波克雷什金于 1985 年 11 月 3 日去世，享年 72 岁，按照他的职务和地位，本来可以安葬到克里姆林宫宫墙内（朱可夫、勃列日涅夫、加加林、伏龙芝等对苏联贡献卓著的名人就安葬在此）的，但他的夫人坚持不同意，最终其被安葬到了新圣母公墓（新圣母公墓也位于莫斯科，由于靠近新圣母修道院而闻名，这里长眠着许多俄罗斯的社会活动家、科学家、艺术家以及一些苏军高级将领，其俄罗斯历史和文化的意味十分浓厚，其实也不是一般人所能埋葬的地方）。

　　英雄的末年也是孤单、缺乏光彩的，但二战战火的锤炼，却使得英雄的成就可以千古流芳，英雄虽已远去，但他的名字注定要永远留在俄罗斯的光荣与梦想当中。

02 二战盟国第一王牌飞行员
阔日杜布

关于二战中谁是最强的盟国飞行员的话题，似乎历来缺乏争议，或者说，这基本不成为一个话题，因为二战后紧接着的冷战，使得原本的盟国很快成了对峙的两大阵营。而一说起二战中的王牌飞行员，人们往往先说成绩"巨大"的德国所谓王牌飞行员（德国飞行员的成绩历来存在争议），紧接着，便是其他欧美各国，而苏联二战王牌飞行员，似乎一直是被打入另册的。其实，从苏联抗争德国战争的旷日持久以及苏德空战的规模，以及当时能和最强大的德国空军对阵的主要方面，苏联在空战方面取得如此成绩，也是理所应该的。试问除了苏联，还有谁有这样的实力？本文要介绍的，就是二战盟国方面的第一王牌飞行员——阔日杜布。

盟国第一王牌飞行员如何产生？

阔日杜布的盟国第一王牌飞行员称号，并非笔者加上去的，因为，二战中，评价王牌有很简单的标准，那便是击落飞机的数量，而阔日杜布是62架，是苏联第一王牌飞行员（第二王牌是波克雷什金，击落59架，第三名是安德烈耶维奇，击落56架，二战中苏联击落敌机20

> 阔日杜布戎装像

架以上的王牌飞行员达到200余名），而对应的，二战美国第一王牌飞行员是邦格，其成绩是40架，英国飞行员约翰尼·约翰逊击落敌机38架，法国飞行员克罗斯特曼击落敌机33架，从数量来说，都和苏联王牌飞行员有不小的差距。而且必须要承认的是，二战苏联飞行员取得的这些成绩，都是和最强大的德国空军作战取得的，而不像德国空军的许多成绩其实是针对弱小的波兰、捷克等国家。

苏联之所以产生这么多的王牌飞行员，是有多方面的原因的，首先，是苏联航空工业的发展，为其提供了大量的性能相对先进的战斗机、攻击机等，而苏联航空工业的发展，则可以用飞速发展来形容，要知道，在上世纪20年代，苏联还几乎是一个依靠进口战斗机来保卫自己领空的国家，而苏联自己生产的战斗机，当时九成以上又是仿制型号，但是通过两个五年计划，苏联的航空工业也获得了飞速的发展，研制出了许多苏联特色的战机，并且经过了西班牙内战的检验，获得了许多先进经验，随后，苏联航空工业发展的主要办法依旧是引进先进技术，初期是引进美国技术，在苏联和德国签署了《苏德互不侵犯条约》后，苏联通过原料换技术的协议，从德国换取了许多航空技术，包括当时世界一流的航空技术，正是在这些基础之上，苏联研制出了二战中大量装备的先进战机，如米格-3、拉格-3、别-2轰炸机、雅克-1、拉-5、伊尔-2等，尤其是先进的战斗机，保证了苏联王牌飞行员产生的基本条件。生产了先进的战机，还有一点在这里也必须强调，那就是飞机的数量，由于苏联的计划经济体制很容易转化成战时经济体制（苏联国内战争时期就是如此），其最容易动员最大的生产潜能来生产源源不断的战机，尤其是战争后期，虽然德国的飞机已经进入喷气时代，但由于数量方面的限制，所谓猛虎斗不过群狼，德国空军和其陆军一样，也是节节败退。

其次，通过一系列的战争，苏联飞行员积累了丰富的作战经验，如在西班牙内战中，就有王牌飞行员产生，而在上世纪30年代的援华中，又积累了许多经验，有资料说日本四大王牌飞行员，三个都是被苏联援华空军飞行员给击落的。而在诺门坎战斗中，苏联空军又对自己的理论再次进行了检验，战争证明，苏联的空军远远强大于日本空军。在这些经验之上，再加上在德国闪电战初期的血的教训，苏联空军飞快地成长起来，可以说，二战德国所谓王牌飞行员是很厉害，但由于德国飞行员数量的限制，在这些所谓王牌被消灭后（大部分被苏联空军飞行员消灭）后，德国空军的后续能力明显不足。

再次，则是苏联航空理论的发展，俄罗斯的航空理论肇始很早，而在红色空军的发展过程中，苏军的作战理论也获得了飞速的发展，尤其是在编队战术等空中作战战术的发展，虽然苏联空军的战术远不如强调立体作战的"大纵深"那么闻名，但作为大纵深的有机组成部分，苏联空军的确创造了许多奇迹。

最后一点，则是最主观的，那便是苏联飞行员英勇无畏的爱国主义精神，这一点必须强调，因为苏德战争初期，苏联的各个方面都是节节败退，很吃紧，这时候，能让苏联空军坚持下去的很主要的一点，那便是广大的飞行员，发挥爱国主义精神，毫不畏惧比自己先进的敌机，英勇作战，最终才使得苏军稳住阵地，然后度过最艰难的阶段，直至获得战争的胜利。在战争刚爆发时，由于战争的突然性，许多苏联先进的飞机，比如米格-3，其实是被炸毁在地面上的，比如在纳粹的第一轮打击中，苏联空军第九混成师407架飞机第一天就损失了347架，在这样的条件下，苏联飞行员科科内夫驾驶一架米格-3强行起飞，驾机撞毁了一架德国Bf-110战斗机，成为苏德战争中首次与敌机同归于尽的战例，后面还有许多飞行员采取了这一颇有些悲壮的战法。

在这样的条件下，苏联产生了非常优秀的飞行员群体，也产生了阔日杜布这样的盟国第一王牌飞行员。

并不被看好的"王牌"——阔日杜布的青少年时代

出生于 1920 年 6 月 8 日的阔日杜布是乌克兰人,出生在世代都是农民的家庭。小时候的阔日杜布胆子小得出奇,人说三岁看老,感觉这孩子根本就是不成大事的料,但令许多人意外的是,和那个时代的许多人一样,阔日杜布也迷恋于飞行,在其于 18 岁,也就是 1938 年进入家乡肖斯特卡的化工学校时,阔日杜布就加入了当地的航空俱乐部,想想也是,一个一直和土地打交道的农村孩子,一个天空中飞行的梦想,对他该有多大的诱惑力啊。一年以后,阔日杜布就基本能驾驶一般的飞机了。兴趣的确是一个孩子最好的师傅,阔日杜布因为兴趣,原本胆小懦弱的性格一去不复返。

机遇总是垂青于有准备的人,这话任何时候都没错,就在阔日杜布苦练

> 西班牙内战中,德国和苏联都派遣部队和装备前往,所以都取得了丰富的作战经验,图为西班牙内战中轰炸政府军的德制飞机

驾驶技术那年，德国入侵波兰，随之苏德之间的关系也逐渐变得紧张，1940年时，苏联政府的备战工作也进行得如火如荼，此时已经从化工学校毕业的阔日杜布如愿以偿地进入了位于丘基耶夫卡的战斗机航校，有种登堂入室的感觉了。由于对飞行的巨大兴趣，阔日杜布刻苦学习，善于钻研，农民孩子勤奋刻苦的天性发挥得淋漓尽致，很快，阔日杜布就成为该校最顶尖的飞行员，然而这对于阔日杜布本人来说并非好消息，一年以后，以优异成绩毕业的阔日杜布没有得到上战场的机遇，而是留校了，因为他实在适合做优秀的教练，这样的人才，自然可以带出一大批技术优秀的飞行员。当然，客观来说这也有助于阔日杜布更加完善自己的技术，在教学的同时，阔日杜布的飞行技术和射击技术也日益精进，并不断琢磨新的空战战术，这为其日后的辉煌战绩打下了很好的基础，当然了，另外一点也必须肯定，正是由于留校，才避免了另一种可能，在德国闪电苏联初期，几乎一夜之间，苏联丧失了许多战机，也牺牲了许多飞行员，许多匆促上阵的飞行员，此时根本不是飞机、技术都占优势的经过了多场战争磨练的德国飞行员的对手，而此时的阔日杜布却在不断地完善自己的技术。

苏德战争爆发后，阔日杜布依旧没有获得上战场的机会，而是和学校一起撤往苏联的中亚地区，继续从事教学工作，直到1943年春天，在他不断申请前往战场的主观要求以及苏联空军再次扩大飞行员队伍的客观条件下，阔日杜布终于可以一展雄风了，这头"狮子"为了上战场，已经准备了3年多的时间。

雄鹰能很快高飞——王牌是如何出笼的

1943年春天，阔日杜布终于在战场翱翔——他被分到了302战斗机师240战斗机航空兵团，座机是拉-5，该机曾陪伴他很长一段时间。1943年3月26日，阔日杜布第一次升空作战，任务是掩护轰炸德军的苏联强击机，虽然已经是资格很老的教官，此时的阔日杜布还是发现，训练场和战场完全是两个概念，前线上，高射炮的炮火和炸弹炸起的烟雾交相辉映，使得初上战场的飞行员很容易迷惘，初上战场的症状不由自主在这个从小就胆小的未来王牌飞行员的脑海中泛起，但时间根本不容许阔日杜布思考，因为他被敌机盯上了，而且是 6 架——当时世界上最先进的 Bf-109 战斗机，虽然有些手忙脚乱，但平时的大量训练还是帮上了忙，阔日杜布使出浑身解数，终于摆脱敌机的追击，很不幸的是，他的座机被敌机击中，摆脱敌机后居然又被己方地面炮火击中，真的有些背到家的感觉，虽然凭着过硬的技术返回机场，但这架拉-5 却报废了，英雄的第一次也很普通，和任何菜鸟一样。但英雄和普通人的区别是，这是他仅有的一次被迫降，此后他仅仅受过一次伤，而且从未被击落过。

一个月后，阔日杜布驾驶一架崭新的拉-5 再次升空，3 个月后，找到感觉的阔日杜布终于击落一架德国容克-87 轰炸机，虽然一记即击落落单的敌机，但仍然缺乏经验的阔日杜布却打光了所有的炮弹（拉-5 是机炮，载弹量的确不如装备机枪的战斗机），这是一位新人通常犯的另一个错误，不过还好，

> 拉-5 战斗机，是二战时期苏联装备的主力战机之一，苏联的许多王牌飞行员就是驾驶该机取得王牌成绩的

此时的阔日杜布年方 23 岁，年轻人的血性让他能进步得更快。第二天，阔日杜布再次击落敌机一架，7 月 9 日，阔日杜布居然击落两架 Bf-109 战斗机，一个半月中，他接连打下 7 架德国飞机，于是荣升为大队长，到 1943 年 10 月，他参加战斗飞行 146 次，击落敌机 20 架，获得了第一枚"苏联英雄"勋章。

1944 年 5 月，换装拉 -5FN 的阔日杜布多次创造战绩：再次击落容克 -87 轰炸机一架，随后 6 天，居然击落敌机 7 架，其中 5 架是大名鼎鼎的 Fw-190，1944 年 7 月底，阔日杜布又被调往飞行训练团工作，领导再次看出他的训练飞行员的价值，但战争时期不同于往日，仅仅两月后，他就被派往波兰战场，所在部队是 176 近卫战斗机航空兵团，此时的他也升任副团长，座机也换成了更新的拉 -7 型战斗机，该机的编号是 27 号，阔日杜布驾驶该机又打下来 17 架敌机。而他所率领的飞行大队，在这位日益适应战争场面的大队长的带领下，和其他 240 战斗机航空兵团的战友一起，在和德国空军王牌飞行大队 14 次交手，打出了 12：2 的成绩，而该大队曾多次给苏联波罗的海沿岸的航空兵造成麻烦。

此时，阔日杜布的个人成绩已经达到了 49 架，为此，1944 年 8 月 19 日，

> 德制 Me-262 喷气式战机，阔日杜布曾经击落一架

> 拉-7战机是拉-5的改型，性能进一步提高

他第二次被授予"苏联英雄"勋章。此后，阔日杜布战绩不断，到1945年4月的柏林战役时，他在僚机的帮助下，居然击落了一架ME-262喷气式战斗机，这是二战中苏联唯一击落的喷气式战斗机。鉴于其成绩，当年5月8日，阔日杜布又获得了第三枚"苏联英雄"的勋章。截至战争结束，他完成了330次飞行，参加空战120次，击落敌机62架（阔日杜布在日后曾向记者陈述他曾击落敌机100架以上，但苏联官方只承认62架）。其中包括22架德国Fw-190战斗机和19架Bf-109。由于阔日杜布的战绩，许多德国飞行员甚至一听到阔日杜布的飞行呼号——"猎鹰13"，就会心惊胆战。

拉-5&拉-7 简介

阔日杜布的成绩基本都是驾驶拉-5和拉-7取得的，那么在这里就有必要简单了解一下这两款战机到底性能如何了。拉-5试飞时间很晚，1942年1月才首飞，确切地讲，该机是拉-3战斗机的改进型，主要是换装了功率更加强劲的发动机（这也是苏联飞机的通病，直到现在的俄罗斯，其发动机工业一直和西方国家有较大的差距），所以刚开始代号是拉-5，该机是那时的优秀战斗机，比如"蚊"式战机一样，也采用木结构，所以灵活性很高，在低空飞行时时速比德国的Bf-109G还要高48.28千米，而且该机尽管只装备两门20毫米的机炮，但相对于那个时代的战斗机，火力算是十分强劲了（联想到后来朝鲜战场上米格-15的3门机炮对阵F-86的6挺12.7毫米机枪，虽然载弹量不占优，但巨大的威力却使得苏系战机的威力总是给敌人以致命打击），和同样装备3门火炮的Bf-109堪称敌逢对手，所以在面对德国先进的战斗机时，居然丝毫不落下风，而重新设计、重量更轻的拉-5FN，发动机功

> 德国 Bf-109 战机，阔日杜布曾经击落19架该型号的德国战斗机）

率更大、重量更轻，所以很快取代了战场上表现不佳的米格-3战斗机。而拉-7则是进一步减轻飞机重量，再增加一门火炮，同时翼下能挂载炸弹或者火箭，速度更快、火力更强、灵活性更高，这使得拉-5和拉-7成为许多苏联飞行员的最爱，包括阔日杜布在内的许多苏联王牌飞行员都是驾驶拉系列飞机取得惊人成绩的。正因为该机的优异性能，我国在上世纪50年代还引进过该机的进一步改型拉-9和拉-11（依旧是活塞发动机，不然就不会只是改型了，不过装备了4门火炮）。

抗美援朝以及和中国的渊源

二战结束后，阔日杜布并没有退出战场，而是继续为蓝天事业服务，1950年，阔日杜布曾率领苏联空军一个师的兵力来保卫当时缺乏防空能力的上海，成功地击退了国民党空军的轰炸。朝鲜战争爆发后，他又率领近卫第151师支援抗美援朝事业。

尽管作为师级干部的阔日杜布不可能再上天作战（有资料说斯大林亲自下令不许阔日杜布升空作战），但他率领的151师却击落了258架敌机。而在整个朝鲜战争期间，苏联空军共击落美机1106架，为此苏方也付出了335架飞机的代价，牺牲了120多位飞行员，这其中也包括数位苏联英雄奖章获得者以及一位获得两次苏联英雄称号的飞行员。

正因为和中国人民血与火的战友关系，阔日杜布和中国的关系堪称千丝万缕，而其对中苏友好关系，也有极大的影响，比如1950年5月，当米哈伊洛夫为首的苏联青年代表团访问中国时，苏联空军英雄阔日杜布中校也是代表团成员之一。由于阔日杜布的英雄事迹，那个时代的中国空军纷纷将阔日杜布作为楷模，比如1953年志愿军空军一级英雄王海曾给阔日杜布致信祝贺。

如果说中国飞行员的贺信带有官方的意味，那么《人民日报》1953年5月28日刊登的报道我国著名空中王牌，曾击落5架美国战机，包括美国双料王牌飞行员爱德华·费席尔，后曾任南京军区空军副司令员的韩德彩将军的报道，其中这样一段话："在战斗的日子里，韩德彩的心目中还有一个具体

空战英豪：王牌飞行员的天空

> 阔日杜布纪念照，注意其胸口最上方的三个金星勋章，即苏联英雄勋章，这可不是一般人能获得的

> 著名的俄罗斯空军两大飞行表演队"勇士"和"雨燕"难得一见的齐飞，"雨燕"和"勇士"都和阔日杜布有很深的渊源

> 位于今天乌克兰基辅的阔日杜布元帅纪念碑雕像，胸口的三枚苏联英雄勋章是最好的标示

的学习对象，那就是苏联的空军英雄阔日杜布。除去战斗和讲评之外，韩德彩经常捧着阔日杜布著的一本书"为祖国服务"。他在日记本上记着阔日杜布"胜利的秘诀"一文中的名言："……飞行员对于飞行胜利的信心，高度的战争目的的自觉，严格的纪律……"韩德彩明白，这些都是在空战中获得胜利的主要原因。这些话在韩德彩身上产生了力量，也给他带来了胜利。

这些都能充分说明阔日杜布在中国的影响力，虽然不像苏联无腿王牌飞行员马拉斯耶夫（又译作密里西耶夫）那样在中国家喻户晓，但也对那个特殊年代的中苏关系产生了很好的影响。

> 阔日杜布曾参加新中国的开国大典，前排穿军装者为阔日杜布

03 世界上首位女王牌飞行员
莉莉娅·李柯娃

她是世界上第一个女空战王牌,她也是截至目前世界上击落敌机最多的女王牌飞行员,她曾经让德国所谓王牌飞行员胆战心惊,她因为自己的功绩获得过苏联的最高荣誉——苏联英雄称号(金星勋章),不过令人惊叹的是,取得如此成绩的王牌,她的身高只有一米五二,以至于飞机不得不经过特殊的改造才能被驾驶。她死时只有22岁,在她短短的两年飞行生涯中,她曾击落了12架德国飞机,和战友一起击落过3架敌机,她就是二战苏联王牌飞行员莉莉娅·李柯娃。

女战斗机王牌飞行员产生的背景

苏联在二战时期,便开始大规模地培养女性飞行员,这是有其历史原因的:1941年6月22日,德国出动2000多架飞机,突然袭击苏联西部的66个机场以及其他军事设施,并以数千门大炮猛烈轰击苏联西部的边境地区,实施其"巴巴罗萨"计划。在战斗中,苏联空军损失惨重,虽然苏联的损失有不同的资料记载,但兵力损失惨重却是毋庸置疑的(战争开始一周之内,苏联的官方损失是1500架,而德国则宣布是4000多架),而这无疑也会造成飞行员的迅速损失,为此,苏联政府不得

> 莉莉娅·李柯娃，一位伟大的女性王牌飞行员

不号召妇女和儿童也投入到战争中来，如果你的记忆力不错，一定会回忆起小时候四年级的那篇有名的苏联故事：《夜莺之歌》——叫做夜莺的男孩成功地将一队德军引入苏联游击队的包围圈，并通过各种鸟叫声向游击队员汇报了敌人的武器配置，进而使得游击队成功地消灭了这股敌人。小孩都参加了战斗，那么能顶半边天的妇女自然也要作为重要力量，苏德战争爆发后，在将近4年的战争中，共计有100万左右的苏联妇女投身于战争的洪流当中，其中更有数千人参加了苏联空军。

而在1941年10月，当苏联女领航员玛琳娜·拉斯科娃向当时苏联的最高统帅斯大林建议，在红军中建设3个完全由妇女组成的战斗航空团，这3个团分别是第586战斗机团，第587轰炸机团和第588夜间轰炸机团。这3个团一起组成了第122空军混合旅团。该建议被立即采取，试想在战争中，连马拉斯耶夫这样缺乏双腿的人都在空中建立功勋，苏联飞行员的缺乏自然不难理解，以至于描写马拉斯耶夫本人的小说《真正的人》写于1943年，要到1946年才得以发表，因为苏联宣传部门的担心不是没有道理：德国人会因此做出苏联红军肯定坚持不了多长时间了，因为他们连残疾人都派去开飞机了。那么四肢健全的妇女又有什么不可以驾驶战斗机呢？二战期间，苏联的女子战斗机团共出动4419架次，参战125次，击落敌机38架，击伤42架，而莉莉娅·李柯娃就是她们当中最杰出的代表。

女王牌的成长之路

莉莉娅·李柯娃，1921年8月18日出生于莫斯科的一个工人家庭。15岁时便参加了莫斯科当地的飞行俱乐部，那时候，苏联正在大规模地进行空中力量的扩充，所以一方面是苏联航空技术的飞速发展，另一方面，则是飞行技术人员的培育，所以在上世纪20年代末，苏联建立了国防及航空化学建设促进会，该促进会其实是志愿者组织，但对于帮助训练普通苏联公民，为苏联空军的发展做出了突出贡献，因为该组织拥有飞机，能进行飞机基础科目的相关培训，许多有志于航空事业的青年人就是在夜校或者周末的学习班中学习了一年以上的飞行知识，然后开始驾驶各型教练机来完成大约50小时的航空知识的，所以到1940年时，该组织几乎完成了训练10万名飞行员的目标，再加上苏联空军建立的庞大的训练机构，所以能有效地补充航空人才队伍。据统计，战前国防及航空化学建设促进会计有1400万会员，32.9万个基层组织，15.6万个小组，26680个小队和350个支队。有260万人在这些组织中学习各种军事专业知识。在伟大卫国战争的头几个月里，国防及航空化学建设促进会一半以上的会员加入了作战军队、民兵部队、歼击营和游击队。从中央到地方的国防及航空化学建设促进会的各级组织都积极参加了对居民的普及军事训练和加强地方防空、防化学的工作，并为制造武器和军事技术装备而展开了收集资金和物资的工作。为执行联共（布）中央和苏联政府关于对居民进行普及义务防空训练的决议，截至1941年8月，国防及航空化学建设促进会共组建了22万个负责各种设施防空的自卫小队和小组，共计2800多万人。至1941年年底，约8500万劳动者受过防空和防化学的基础训练。在同德国法西斯侵略者作战中声名显赫的苏联军人当中，许多都是原国防及航空化学建设促进会的会员。

而莉莉娅·李柯娃参加的航空俱乐部，便是苏联国防及航空化学建设促进会的下属机构。学习中，莉莉娅表现出了非凡的飞行天赋，教官仅仅带飞4个小时，她就可以驾驶波-2型教练机单飞了。所以当莉莉娅·李柯娃听说了要组织3个由妇女组成的飞行团时，立刻决定报名，凭着以往的飞行训练，莉莉娅很快如愿以偿，被送到伏尔加河下游的一个小镇进行了为期两年的秘密集训（由于战争的节奏，最后实际只进行了半年的集训）。训练中，莉莉娅很快凭借自己的天赋以及勤奋，飞行技术突飞猛进，不但比自己的队友技术领先，甚至超越了自己的男性教官多普金中尉：训练考核的最后一项是空中格斗，而莉莉娅的对手就是她的教官多普金中尉，考核中莉莉娅驾机跃升到1200米高度，做着左盘旋等待"敌机"的出现。终于在莉莉娅正后方太阳的圆圈里出现了一个黑点——多普金从后面袭来。莉莉娅先是佯装不知，驾着飞机缓慢地盘旋，然后突然用力将操纵杆一拉到底，同时蹬右舵使机头迅速偏转，飞机在跃升时来了一个360度滚转。在飞机处于倒飞之际，多普金从她的正下方飞快冲了过去，反被莉莉娅死死咬住。尽管多普金使出浑身的解数，右横滚、俯冲、跃升、翻筋斗，但始终摆脱不了充当靶机的被动处境，飞机多次被"击中"。最后，多普金中尉不得不承认自己失败。由于莉莉娅的优异表现，她如愿以偿地进入了完全由优秀女学员组成的第586战斗机团，在距离斯大林格勒（即今天的伏尔加格勒，1925年之前被称作察里津）300多千米的萨拉托夫开始战斗，而座驾正是苏联战斗机发展的代表之作雅克-1，也是二战期间苏联生产的主力机型，该机的设计师是大名鼎鼎的雅科夫列夫，该机也是雅科夫列夫设计的第一款战斗机，该机选用了克里莫夫设计局生产的水冷活塞发动机，由于发动机的狭长，使得前机身减少了正面阻力，而座舱盖后部完全突出于机体之上，令后方视界也大大提高，该机采用常规气动布局，外形更趋向流线型，带上反角的大根梢比梯形机翼，木质双梁承力构造，外覆胶合板蒙皮。机体结构质朴简洁，工艺简单，严格控制重量……因而成为大战中投入使用的重量最轻的一种战斗机。火力方面，雅克-1可外挂6枚空对空火箭弹，机上固定安装有1门20毫米机炮和2挺7.62毫米机枪，是一种火力较强的前线战斗机。

不过在这里需要讲述的是，由于莉莉娅身高只有1.52米，所以其如果乘坐标准的雅克-1的话，会面临两个问题，向前会看不见前方，而脚则会够不着脚蹬，而脚蹬则是座舱中的主要操纵部件，它的作用就是进行航行操纵和踩动刹车。没有办法控制脚蹬，也就意味着无法驾驶飞机。所以莉莉娅的座驾被做了特殊的改装，从1942年1月到8月，莉莉娅多次执行了作战任务。并在9月份，利用雅克-1战斗机的20毫米机炮和7.7毫米机枪齐射，击落了一架德国的JU-88型轰炸机（有些资料称莉莉娅是世界上第一位击落敌机的女飞行员，但也有资料声称是苏联的另外一位飞行员瓦利亚·库亚科娃）。

> 波-1型教练机，该教练机其实技术来源于英国，在苏德战场被当做轻型轰炸机使用

怎样成为王牌？

鉴于莉莉娅的优异表现，她不再从事保卫后方目标的任务，而是和其他几位表现优异的女性飞行员一起，被调入286战斗团，该团并不是女性飞行

员组成的主要从事保卫作战的战斗团,而是负责和敌机交锋的战斗团,莉莉娅即将迎来自己的春天——艰难的春天,因为这些女战斗机飞行员将与已经具备了丰富作战经验的驾驶 Bf-109 和 Fw-190 战斗机的德国飞行员进行正面的、频繁的较量。

莉莉娅虽然被调入担任进攻任务的 286 团,该团此刻正在进行艰巨的斯大林格勒保卫战,战斗十分激烈,但这并不意味着她能直接投入战斗,并非单纯的技术性问题,而是人为的原因——莉莉娅所在的第 73 战斗机中队,中队长巴拉诺夫认为莉莉娅这样的女飞行员根本无法胜任繁重的作战任务,居然拒绝接受女性飞行员。这时幸亏队中的王牌飞行员阿列克赛·索洛马丁的帮助,或者说允许,莉莉娅终于可以作为索洛马丁的僚机,来开展自己为时只有两年的王牌飞行员之旅。

第二天,莉莉娅就跟随阿列克赛紧急起飞执行巡逻作战任务,不过莉莉娅尽管技术老到,但作战经验仍然非常欠缺,巡逻 10 分钟左右,只见阿列克赛的飞机急速下降,然后又紧急跃升,不明白情况的莉莉娅唯有紧紧跟着长机,使得自己不掉队,在莉莉娅的心中,这大概是阿列克赛在考验自己的飞行技术吧!但回到机场,莉莉娅才知道,原来阿列克赛和另外一名飞行员巧妙配合,一举击落了一架德国的 Bf-109 型战斗机。令莉莉娅郁闷的是,她只是一个不专业的围观者,尽管如此,莉莉娅仍然获得了男队友的一致称赞,因为驾驶技术很不错。

不久,该团装备了全新的全金属的雅克-9型战斗机(金属大部分是美国援助的),该机其实是雅克-1的升级版,续航力和火力都大为增强。毫无疑问的是,莉莉娅的座机也进行了改装,以适应她的身高。驾驶新的座机,得益于王牌飞行员阿列克赛的指导,也是为了在男性占多数的队伍中站稳脚跟,莉莉娅付出了比常人多得多的努力,所以无论是技术和经验都突飞猛进,不久就击落了一架 Bf-109 型战斗机,到 1942 年年底,短短的 3 个月时间,她的个人战绩已经达到了惊人的 6 架,成了世界上第一位女性王牌飞行员。由于成绩突出,1943 年 2 月,莉莉娅终于晋升中尉并获得了红旗勋章。

空战英豪：王牌飞行员的天空

Po-2VS of the 9th GNBAP (guards night bomber air regt.) in the late-war three-colour scheme (AMT-1/4/12). In September 1944 it took part in the attempts to supply the fighting Poles during the Warsaw uprising. On that occasion it was fitted with an improvised device to drop sacks with weapons, stiffened by roughly made planks.

> 英文版波-2型教练机三视图，莉莉娅仅仅飞了四个小时，就能单飞该型教练机了

> 雅克-1型战斗机是苏联大规模生产的机型之一，战斗力较为强悍，莉莉娅的座机，就是雅克-1

"斯大林格勒上空的白玫瑰"

到1943年时，随着斯大林格勒战役苏军的逐步胜利，莉莉娅的战绩也不断上升，此时已经击落了10架敌机，可以登上双料王牌飞行员的宝座。尽管莉莉娅在空中作战时泼辣强悍，但本人矮小的身材以及一头金黄的头发、白皙的脸蛋，还有原本沉静的性格，使得许多喜欢她的人都将她和百合花联系起来，因为莉莉娅名字的发音很接近俄语中百合花的发音。战友们甚至特意在她的飞机上画了一朵大大的百合花和一长串的小百合花，每一个小百合花代表着一架敌机。由于德国人一直误将百合花当做玫瑰，所以莉莉娅因此获得了"斯大林格勒上空的白玫瑰"的绰号，鉴于莉莉娅的技术，许多德国飞行员居然尽量避免和这架绘满百合花的战斗机缠斗。

和德国所谓王牌飞行员的对话

在这里有必要强调一下莉莉娅击落的第二架和第十架德国战斗机，因为第二架战斗机的飞行员——来自德国战斗机第三联队的海因里希中尉，出身名门，是德国前首相俾斯麦的亲戚，一个有着35次空战记录的飞行员，如果海因里希中尉知道击落自己的是一个此时名不见经传的女战斗机飞行员，心情不知道该有多糟。而莉莉娅击落的第十架德国战机，飞行员同样是一个王牌，该机上面绘有一个醒目的"黑桃尖"，机头部位有击落20架敌机的标志。

> 雅克 -9T 型战斗机，莉莉娅的第二种战斗机

这次战斗持续了大约 15 分钟，莉莉娅几乎是以拼命三郎的态度在作战，首先她加大过载，进行大坡度盘旋，然后切入敌机盘旋的内侧，咬住敌机后猛烈开火，德国飞行员的座机立刻起火，飞行员跳伞成功，但由于地处苏军阵地，所以不幸被俘。作为一项不成文的传统，这位骄傲的德国飞行员提出了见一下击落自己的苏联"双料王牌飞行员"，但当他真的见到击落自己的飞行员时却被激怒了，因为翻译带来的居然是一位女性，而且身材太过于矮小。德国飞行员以为这是苏军对自己的戏弄，容克贵族的血液是不容许这种戏弄的，不禁勃然大怒，但生性并不喜外露的莉莉娅却只是慢慢地讲述自己击落王牌飞行员座驾的详细经过，当高度、位置、战术动作、射击位置以及时机，德国飞行员的技术缺陷被一一讲明时，这位骄傲的飞行员才不得不信服，因为这些内容只有当事人才会讲得完全清楚。

空中的爱情

在取得优异战绩的同时，很像美国电影《壮志凌云》里面的情节，莉莉娅和自己的师傅阿列克赛恋爱了，如果说并肩战斗的战友能产生强烈的感情，那么异性战友则能产生更加微妙的感情。不过战斗中的感情似乎总要经历常人难以经历的痛苦，或许，两个王牌飞行员的结合太不可思议，也或许在战争中，爱情真的太过于脆弱，1943 年 5 月 21 日，在新飞行员的培训任务当中，阿列克赛的飞机不幸失速坠毁。而在地面观察的莉莉娅却亲眼目睹了这一幕，当莉莉娅和其他战友乘车赶到出事地点时，只是看到了心爱的人的一具伤痕累累、冰冷的尸体。战场不容许有任何的迟疑，莉莉娅只能强忍着痛苦，继续参加战斗，以至于在1943年的春夏之交，居然两次负伤（之前还有一次，3月15日，在击落一架德国的JU-88轰炸机后，被护航的Bf-109击伤，但带伤的莉莉娅居然坚持将击伤自己的Bf-109击落，然后驾机飞回基地。到5月份才伤愈归队。在养伤期间，莉莉娅所在的286团获得了73近卫战斗机团的光荣称号），7月16日，莉莉娅负伤被迫降落敌占区，最后靠步行穿越战线回到机场（前面讲过的波克雷什金等苏联王牌飞行员也有类似的经历），没经过医生的治疗便再次登机作战，没想到两日后，即18日，莉莉娅再次负伤，不过这次更加危险，这次，她和队友被7架Bf-109围攻，虽然她努力地击落了一架敌机，但自己也被击落，幸亏她的战友在敌占区紧急迫降施以援救。

陨落何处？

幸运不可能一再反复地重复，1943年8月1日，9架苏军战机在马里诺夫卡和斯蒂巴诺夫卡地区上空巡逻时，与4架Bf-109和6架Fw-190以及30多架容克轰炸机遭遇，战斗中莉莉娅的座驾成为敌机重点照顾的对象，最终被击落。和莉莉娅一起飞行的伊凡后来回忆道："莉莉娅没有发现为德军轰炸机掩护的Bf-109战斗机。它们忽然向她冲来，等到她发现的时候，她掉转方向，和它们正面交锋。"

莉莉娅死亡的那天距离她22岁的生日还有17天。怀着沉痛的心情，她的战友们在她被击落的地点，即在顿涅茨克以东90千米的地方，为她竖立了一块高大的石碑，碑身是她的半身人像，上面刻着12颗红星，用来纪念她击落的战机，在她短暂的一生当中，她曾168次执行作战任务，单独击落12架敌机，和队友一起击落3架敌机。

莉莉娅的遗体一直没有找到，本来战友们还在石碑上留了一片空白，为的是当莉莉娅获得苏联政府授予莉莉娅苏联英雄的称号时，好在墓碑上也刻上这个光荣的称号，对于此点，许多人都认为这是当之无愧的。但遗憾的是，过分慎重的苏联政府却以没有找到莉莉娅的遗体为由，拒绝授予她苏联英雄的称号，直到1990年5月5日苏联追授莉莉娅"苏联英雄"称号，为她举行了正式葬礼。在莉莉娅曾经战斗过的卡鲁基又竖立了一座纪念碑，以纪念这位优秀的女战斗机飞行员。

女性是否适合担任战斗机飞行员？

目前，世界上有16个国家有女性飞行员，其中美国、俄罗斯、英国、德国、西班牙、以色列、巴基斯坦等国已经培养了女战斗机飞行员，除了苏联曾在二战期间大量培养女战斗机飞行员，美国在二战期间也组建了女子航空勤务飞行队（不是担负作战任务）。而且美国在1948年明令禁止女性担负战斗或战斗相关的任务，这一禁令在1976年有所突破，即女性可以驾驶运输机和运输直升机等非战斗类飞机，直到1983年，在国内女权主义的压力之下，才废除了禁止女飞行员参战的规定，从此美国海军和空军中都出现了女战斗机飞行员，据五角大楼的数据显示，在美国空军1.6万名飞行员当中，有300名女飞行员，而另外一个大国，英国也于1991年批准女性驾驶战斗机参战，1995年，英国出现了第一位驾驶"狂风"的女飞行员……

为什么二战期间仅仅美苏才有女性战斗机飞行员，为何二战后很长一段时间没有女性战斗机飞行员，原因是多方面的，主要是如下几个方面，1，身高，莉莉娅的身高就是最好的证明，因为飞机座舱基本是按照男性的身高设计的，如果要适合更多的女性，势必要做身高、体重、座高、手臂长短，甚至手握大小等多方面的调整，代价太大；2，体质差异导致抗荷服不合体，目前的抗荷服仅仅适合163厘米以上的人，如果抗荷服不合适，会危及飞行安全；3，头盔与面罩的贴合问题，由于女性的面部较窄，佩戴氧气面罩和头盔都会面临贴合的问题；4，由于女性的体重以及生理耐限受极均低于男性，所以弹射时损伤概率较大；5，女性的肌肉力量较小，对一些装置的操纵存在困难；6，女性的骨骼强度较小，所以骨折的风险也较大。

这些问题导致女性飞行员长期很难在最难操纵的战斗机群体中出现，尤其是喷气式时代的来临，而近年来，随着战斗机座舱的革命化改进，这些问

> Bf-190 是德国一款先进的战斗机，莉莉娅驾驶的战机很难和其匹敌

题越来越不是问题，所以才出现了女性战斗机飞行员不断增加的趋势。当然了，再次出现类似莉莉娅那样的双料女战斗机王牌，仍然是一件困难无比的事情，斯大林上空的白玫瑰注定是航空史的奇迹。

空战英豪：王牌飞行员的天空

> 莉莉娅的座机，编号44

> 有"斯大林格勒白玫瑰"之称的莉莉娅·李柯娃身穿飞行服，与她的战友在一起交流，身后是她的雅克-1战斗机

绝代双雄

04 二战中的两位无腿飞将军
道格拉斯·巴德和阿列克谢·马拉斯耶夫

天之骄子，曾是许多人的梦想。遗憾的是，现在无论世界上哪个国家的空军，都仅仅只能是少数幸运儿的事情。大多数的人，都只能望空兴叹。

原因很简单，苛刻的招飞条件，一道严格的界线把许多人挡在了外面。但是翻开二战的空战史，我们居然奇迹般地发现，在这场创造了无数双料王牌飞行员的大战中，居然有许多残疾人的身影，而其中最为夸张的莫过于两位王牌飞行员，他们分别是来自英国的王牌飞行员道格拉斯·巴德和来自苏联的王牌飞行员阿列克谢·马拉斯耶夫，这两位王牌飞行员相对于其他的飞行员，是如此的不同，相对于现在的天之骄子，更是奇迹，因为这两位飞行员都没有双腿！

两位无腿飞将军的共性

作为世界上少有的无腿飞行员，来自英国的道格拉斯·巴德和苏联的阿列克谢·马拉斯耶夫，两个人真的具有许多共性大概这种共性，才能促成其作为特殊的王牌飞行员吧！

首先，这两位飞行员年龄相差不大，而且都是幼年丧父。道格拉斯·巴德1910年出生于英国伦敦，其刚记事起，父亲就踏上了欧洲大陆的领土前往作战，并一去不复返。而阿列克谢·马拉斯耶夫出生于1916年，比巴德小了6岁，其父亲也参加了第一次世界大战，不过却是在战后去世。可以想见，这两位英雄的父亲的军旅生涯肯定都对其儿子产生了潜移默化的教育效果，不然很难想象，都是没有双腿的人，对飞上蓝天居然是那么的执着，非要去创造一种奇迹。

其次，皆崛起于二战时期，皆由于飞行事故，皆是高位截肢：道格拉斯·巴德是由于和队友打赌而导致飞行事故，原本只是截掉了右腿和左腿的一部分，但几天以后由于伤口迅速恶化，所以其整条左腿不得不截掉。而阿列克谢·马拉斯耶夫也不幸运，在被德国飞机击落后，其原本只是双脚骨折，但由于在寒冷的丛林中爬行18天才获救，想想苏联寒冷的天气吧，所以最终不得不被截掉整个小腿以下。所以，这两位才能获得无腿飞将军的绰号。

再次，令人意外的是，两个没有双腿的人，居然都有双

> 道格拉斯·巴德

> 苏联英雄马拉斯耶夫戎装像

料王牌飞行员的称号，其中道格拉斯·巴德更是三料王牌飞行员，其击落了22架德国战机，且全部是在双腿被截掉后，在英国的王牌飞行员中击落飞机架数位居第五。阿列克谢·马拉斯耶夫显然也不差，其击落了11架德国战机，其中4架是在截腿以前，比起道格拉斯·巴德虽然差了点，但也堪称那个时代的奇迹了。

另外，作为残疾人士，这两位王牌飞行员居然都比较意外的高寿，而且都是在庆祝生辰的时候突然离世的，按照中国人的说法，算是很祥瑞了，其中道格拉斯·巴德活了72岁，于1982年突然心脏病发作离世，阿列克谢·马拉斯耶夫直到2001年才离世，享年85岁。

道格拉斯·巴德其人

道格拉斯·巴德于1928年，也就是他18岁的时候，进入英国的一所有名的飞行学校——克伦威尔皇家空军学校，桀骜不驯的性格使得他曾被学校校长警告，幸亏信服校长的他听取了"我们需要的是人，不是男生"的忠告，使得他在两年后能以第二名的优秀成绩毕业，并于当年进入英国皇家空军第23中队服役。但服役仅仅一年后悲剧就发生了：

1931年12月4日，在英国伍德雷机场，巴德和同伴无意中发生争执，同伴认为自己能用当时英国的布里斯托尔"斗牛犬"型战斗机做一个低空高难度动作，但巴德认为他不行，但经不住战友们的煽动，巴德自己居然去做了这个动作，而之前他一直驾驶格罗斯特加梅克型双翼战斗机，显然不熟悉这种刚刚换装的新型战斗机，起飞后，由于飞行高度太低，飞机在完成滚动动作时，左翼与地面相撞，随即飞机几乎成了碎片，于是上面描述的一幕发生，巴德一度生命危险，最终他成了一个残疾人。

成为残疾人后，尽管飞行员的身体素质使得他很快身体恢复，借助于新型的假肢（在这里不得不说明一下，巴德是当时唯一一个从一家有名的假肢公司一次定做两个假肢的人），大约一年多后，他又能不使用拐杖而行走了，并在不久后能自行驾车，但作为一个残疾人，他重返部队的申请只能被阻止，尽管皇家空军的医疗人员认为其体质可以驾驶新型战斗机，1933年，巴德被迫退役，而再次飞上蓝天，已经是6年后的事情了。

1939年，第二次世界大战爆发，巴德找到了机会，在军中旧友和恩师的帮助下，他终于回到空军：先是在飞行学校接受训练，学习驾驶"都铎式"双翼机，试飞很顺利，两周之后，他居然开始学习驾驶当时

> 巴德曾使用过的假肢

英国最新的战斗机——"飓风"和"喷火"，两个月后，也就是1940年2月，巴德已经完成了所有的飞行训练，正式返回部队，最早在皇家空军19中队服役，成了年龄最大的飞行员，两个月后调任222中队，担任中队长一职，并于6月份前往前线，此时正值英法在欧洲大陆的溃败，巴德的任务就是挑战英法敦刻尔克撤退时锋芒正盛的德国空军，刚上战场，巴德就抓住机会，击落一架Bf-109型战斗机。6月底，他又被调到242中队——一支完全由加拿大志愿者组成的中队，巴德仍担任中队长，不过首先他的任务是训练这些飞行员，很快，巴德以其优秀的领导才能使得该中队成为最优秀的队伍，所以，当不列颠空战结束时，巴德获得了优秀奖章。

随后，巴德又多次参加了英国与德国之间的空战，但此时的英国，空军战术仍极其落后，而巴德的进攻战术被上级斥之为上不了席面的狩猎战术，并未获得上级的认可，所以英国空军一再受到打击，直到新的战斗机司令上任，这一状况才获得改观（当英国改变了老旧的空军战术的时候，刚刚到欧洲参战的美国空军仍在沿袭白天集群轰炸等战术，被德国人揍得鼻青脸肿），短短的一个夏天，他就击落了21.5架敌机，成绩排在英国皇家空军的第五位。但一次战斗，却再次使得他失去了这种机会，而且是永久性的：1941年8月9日，在法国上空，巴德作战中和一架德国空军的Bf-109型战斗机相撞，飞机坠毁，他跳伞成功，空降到地面，却将右腿——其实只不过是假肢而已，留在了飞机内，自然，他连逃跑都不方便，很快就被德国人俘虏，令德国人倍感意外

> 二战英国"喷火"式战斗机

的是,击落他们22架战斗机的英国王牌飞行员居然是个高度伤残人士,颇具绅士风度的德国军官——德国JG26中队的中队长加兰德中校对这位无腿飞将军颇为友好,巴德获邀参观了德国的JG26中队,并和加兰德详细地讨论了Bf-109的优缺点,更为传奇的是,德国人答应巴德,通过国际SOS长波与英国皇家空军进行了联系,允许英国的一架飞机降落在己方位于法国的一处位于海岸边的德军机场(这句话很拗口,但想想半个法国被德国占了,另外半个是伪政权,就可以理解了),以便运输巴德所需要的一副新假肢、一套制服、烟草和一支新烟斗。英国人一贯给人刻板的印象,这一次,他们却没有(估计也有担心飞机到了机场被德国绑架的考虑)。在英国空军组织的一次空袭中,皇家空军的轰炸机对德国境内的鲁尔电站进行了一系列轰炸,同时,英国轰炸机通过无线电告诉德军,他们投下的不只是炸弹,还有送给战俘巴德的礼物,战后德军清理战场,还真的找到了一个上面绘着大大的红十字标志的木盒子,上面还用德文写着一行话:这个盒子里面装着战俘巴德的假腿。

有了新"腿"的巴德仍然不安分,他陆续制订了许多逃跑计划,很不幸的是,他这个战俘太有名了,而且身手真的不怎么样,虽然屡屡制造逃跑机会,却总是不成功（幸亏不是在远东战场，不然非常不人道的日军要么把他整个半死，要么就直接枪毙了吧），最终被转移到了另外一个监狱，而且他不得不在那个战俘营——二战中著名的科尔迪茨城堡（位于德国萨克森州，待到战争结束，该城堡曾在100余年的时间里作为囚犯工厂和精神病院，二战期间，德国党卫军将其改造成为德国境内唯一的高安全级别战俘营，里面关押的全是一些试图从其他集中营逃走的盟军"脱狱专家"级战俘，科尔迪茨被德军认为是安全度最高、最坚不可破的集中营，是德军监狱系统的骄傲，号称是"无法逃脱的"。对关押在城堡中的所有盟军俘虏来说，若想逃出科尔迪茨，唯一的方法就是死亡），一直待到1945年的春天，此时，早已经诺曼底登陆的美军解放了该战俘营，随即，巴德被送往巴黎，幸运的是，战争结束之前，巴德能重返蓝天，只是，虽然这次他驾驶了最新式的"喷火"Mk9，却再也没有机会创造战绩了，因为到5月份，德国就投降了，欧洲的战事彻底结束。

　　同年9月15日，也就是日本投降一个月后，巴德又指挥了在伦敦的英国皇家空军的300架战斗机的胜利列队飞行仪式，但这对于一个英雄已经无足轻重，于是4个月后，巴德离开皇家空军（回国后，巴德居然专程去监狱探

> Bf-109战斗机，两位无腿飞将军都是被该型战斗机给击落的

> 巴德和战友们在一起。身后就是他的座机

> 巴德是这样登机的

视了被囚禁的加兰德，二人的故事一时在航空界传为美谈），又回到了他在第一次负伤后所从事的企业，壳牌石油公司。此后，巴德还积极投身于社会活动之中，利用工作的闲暇，到处演讲他在战争中的经历，鼓励人们克服战后初期的困难（战后初期，欧洲各国都遭遇了严重的经济困难，是以才有了马歇尔著名的经济援助计划——马歇尔计划），还积极帮助那些伤残者，包括许多伤残退伍军人。

1976年，鉴于巴德在战争中的贡献，英国女王伊丽莎白授予

> 晚年的巴德

其道格拉斯爵士头衔。1982年，巴德去世，在他去世时，《伦敦时报》对他的一生做了这样的评述：他是英国皇家空军在第二次世界大战中英雄主义的化身。

阿列克谢·马拉斯耶夫其人

本文的另外一个主人公：苏联飞行员马拉斯耶夫经历的传奇性一点也不减于他的残疾人同行巴德，不过，刚踏入空军的马拉斯耶夫似乎要幸运一点：

马拉斯耶夫1916年出生于俄罗斯伏尔加河畔的小城市卡梅申，马拉斯耶夫从小立志当一名飞行员，所以中学毕业后很期望进入最有名的莫斯科航空学院就读，但却被一纸共青团的命令而调到了远东的阿穆尔共青城，为的是建设这个城市，因为从1932年起，就由苏联的共产主义青年团按照工业中心的规划而建造的，后来成了苏/俄最主要的飞机制造业基地，俄罗斯最主要的飞机制造商——苏霍伊，就在该市拥有最重要的工厂，而共青城造船厂也位于该市。

空战英豪：王牌飞行员的天空

> 《真正的人》插图，受伤的马拉斯耶夫被附近村落的小朋友所发现，并报告给了大人，马拉斯耶夫随即获救

> 苏联为纪念马拉斯耶夫而发行的邮票

在该市，马拉斯耶夫加入了当地的航空俱乐部，并于1937年应征入伍，成了萨哈林岛上一个边防航空支队的士兵，不过可不是飞行员，但在不久爆发的哈桑湖战役前，马拉斯耶夫已经以少尉军衔从巴泰斯克空军学校毕业。二战爆发的时候，马拉斯耶夫被从远东调往苏联的西北战线作战，在这段时间，他击落了4架德军的战斗机，距离王牌飞行员只有一步之遥了——如果再打下一架德国战斗机的话，但幸运之神与他无缘。

1942年4月4日，在旧鲁萨地区，他的雅克-1（苏联当时产量最大的战斗机，苏联空军的许多苏联英雄称号获得者都是驾驶该机打成王牌飞行员的）被德国的名机——整个二战中产量高达3.5万架的Bf-109型战斗机击落。幸运的是，他的座机坠落在了林区，坠落时树木做了最好的缓冲，飞机坠地时，他被甩出机舱然后落在了雪地上，随即失去知觉。醒来时，他发现自己无法行走，因为双脚已经骨折，于是接下来，马拉斯耶夫在瓦尔代地区（莫斯科和圣彼得堡之间的丘陵地区）

的森林中依靠雪水和树皮做食物，顽强地爬行了 18 个昼夜，终于被一个村落的居民发现，随即被送往后方的红军野战医院，毫无疑问，由于冷冻，他的两条小腿都做了截肢手术。

马拉斯耶夫此后不得不用一年的时间来恢复并用假肢来学习行走，并不断争取军医委员会批准他飞行，最终，经过不懈努力，1943 年 6 月，离开天空一年多后，和等待了漫长的 6 年的巴德不一样，上级批准了他的请求，马拉斯耶夫归入第 63 近卫战斗机航空团。该团即是二战前期的苏军第 169 联队，该团完整地参与了整个二战，于 1943 年改制为第 63 防空军联队，并被授予"Vilenskiy"的光荣称号（纪念大规模空战战场）。该联队英雄辈出，其中许多人获得了苏联英雄的称号，二战期间据说苏联三分之一的王牌飞行员曾在此联队服役过，该联队后来被改称为 169 联队，在苏联解体后被改称为 470 联队，是俄罗斯最精英的战斗机部队。这一次，他的座机换成了拉 –5，同样是一款非常优秀的战斗机，兼有对地攻击能力。

结果，在 8 月的一次空战中，马拉斯耶夫居然一举击落了 3 架 Bf-109 战斗机，这对于许多正常的飞行员都已经是奇迹，更别说他这样身体有巨大残缺的人。一年前击落他的也是 Bf-109 战斗机，马拉斯耶夫算是为自己报了一箭之仇。击落 3 架敌机后，在几乎没有一滴燃油的情况下，他又成功地降落到了己方的机场。由于这种精神以及卓越的成绩，在 1943 年 8 月 24 日，马拉斯耶夫获得了"苏联英雄"的称号。在随后的战争中，他完成 100 多次战

> 雅克 –1 式战斗机，兼有对地攻击能力，马拉斯耶夫在伤残以前，用该机击落过 4 架德国战机

> 拉-5型战斗机，二战后期苏联主要的战斗机类型，马拉斯耶夫驾驶该型战机击落7架敌机

斗飞行，又击落了5架德国战机，使得自己的成绩达到了11架。不过从1944年开始直到战争结束后的1946年，尽管马拉斯耶夫的各方面条件仍适合执行战斗任务，但却已经不再执行战斗任务，而是在莫斯科特种飞行学校担任航空培训的领导工作。其实完全可以理解，如果从体力来讲，而立之年的马拉斯耶夫此时正处于体力的高峰期，但对于这样一个充满传奇经历的战斗英雄，此时必要的保护似乎更为必要，不然，很可能发生类似美国王牌飞行员理查德·邦那样的悲剧，而这是极其得不偿失的。

所以，除了领导职务，二战结束后，其主要的工作和巴德差不多，那就是到各地去演讲。1952年，马拉斯耶夫从苏共中央高级党校和苏联社会科学院毕业，并通过了历史学副教授的答辩，其实，此时的他还有一种选择，那便是进入苏联培养将军的摇篮——苏联总参军事学院，毫无疑问的是，已经是上校的他在镀过金后肯定会成为一名将军。1956年，马拉斯耶夫当选为苏联老战士委员会责任书记，1983年又当选为该委员会第一副主席，苏联解体

后改为俄罗斯老战士委员会，2001年马拉斯耶夫去世，而在这之前许多年，他就被许多人误以为去世了，又有谁能想到一个残疾人能坚强地存活了这么长的时间呢？生命有时候对于有些人，已经是一种奇迹。

两本书和两部电影

两位无腿飞行员的经历如此的不同于凡人，这自然会引起文艺界的关注，道格拉斯·巴德的故事，在战后首先被本国的作家保罗·布里希克尔写成了书，名字叫做《把手伸向天空》，发表于1954年，该书后来又被英国的电影界所关注，1956年，根据巴德的事迹拍摄的电影《直达天空》在全球公映，不过相对来说，电影似乎更为家喻户晓。巴德在1973年撰写了自传，关注自然也不如电影那么广泛。

相对于巴德，马拉斯耶夫更为国人所熟知，原因很简单，在新中国建立之前，由于社会主义思潮的涌入，许多苏联和俄罗斯作品被翻译介绍到中国，如曹靖华翻译的《铁流》等，在中苏曾经的友好时期，更是无数的苏联文学作品被翻译介绍到中国，而中篇小说《真正的人》也在其中。小说《真正的人》其实就是作家鲍里斯·尼古拉耶维奇·波列沃伊根据马拉斯耶夫的真人真事撰写的中篇小说，据说，波列沃伊曾看过马拉斯耶夫撰写的二战日记，又有人说波列沃伊曾和马拉斯耶夫同住一房间，当波列沃伊看到马拉斯耶夫镇静地脱下自己的腿时，大为震惊，于是，写下了这部中篇小说，然而，据苏联媒体对马拉斯耶夫的采访资料，马拉斯耶夫直到该书于1946年出版，并在电台被连续播报之后，才知道自己的事迹被改编成了小说，然后打电话到电台要到作者的联系方式，两个人才得以见面。

有意思的是，波列沃伊当时供职于《真理报》，是在前往欧洲各国旅行采访的旅途中（最主要是奉命参加纽伦堡大审判的新闻报道），利用出差间隙挤出来的19天时间写成该小说的（和马拉斯耶夫在丛林中爬行的18天时间大致相当）。由于是真人真事，并且事迹太过于感人，第二年便获得了苏联国家奖，1948年，同名电影也在苏联各地公映，并于同年获得了斯大林文艺奖金，比巴德的电影上映还早了8年。

对中国的影响

《真正的人》曾被翻译到当时的国内，成了和《钢铁是怎样炼成的》一样驰名的小说，并对那一时期的国人产生了无法估量的影响，学习保尔，学习真正的人，是那一时期最流行的风尚，所以，《真正的人》被引入国内后，曾经出过许多版本，从内容方面来讲，又被改成过小人书等等，影响了整整一代人。

许多人也许听说过前空军司令马宁的故事，马宁将军是老革命，在千里跃进大别山的战斗中，曾两次负伤，第一次是左大腿中弹，第二次是在摆脱敌人追击的时候，左腿再次受伤，导致最终成了瘸子，左腿比右腿短了4厘米。重庆解放后，马宁将军在医院疗伤，无意中读到了小说《真正的人》，深为小说中的主人公所感动，于是萌发了当飞行员的梦想，此时，他已经是副师职干部了，最终，冲破重重阻力，他终于成为空军的一员，先是苦练飞行技术，毕业于哈尔滨轰炸学校，后来又先后担任空军部队副师长、师长、副军长、军长、副司令员直到空军司令，最终飞行经验达到了1000多小时，成了学习马拉斯耶夫最典型的例子。

结语

回忆这两位空中传奇人物的经历，能对所有的人产生鼓励作用，因为一个没有双腿的人都能驾驶战斗机去消灭敌人，正常人还有什么不可以做到？他们的特殊经历，不但是本国人民的宝贵财富，也极大地丰富了世界航空史，他们用自己残缺的身躯为后人做了最完美的楷模。

> 马拉斯耶夫长眠于莫斯科新圣女公墓

约翰蛮牛

05 "喷火"之王——二战英国第一王牌飞行员詹姆斯·埃德加·约翰逊

在二战王牌飞行员系列中，笔者已经介绍了美、法、苏、日等国的飞行员，而英国王牌飞行员，笔者曾以生理特点，将英国著名的无腿王牌飞行员道格拉斯·巴德和苏联最有名的无腿飞行员阿列克谢·马拉斯耶夫放在一起，无腿王牌飞行员巴德曾经取得21.5架敌机的成就，而本文要介绍的，则是巴德曾经的队友，当之无愧的英国（注意，是英国，不是英联邦）第一王牌飞行员詹姆斯·埃德加·约翰逊的传奇故事。

> 詹姆斯·埃德加·约翰逊

警察的神射手高材生儿子

1915年3月9日，约翰逊出生于英国中部莱斯特郡的一个非常有名的村子"Barrow upon Soar"，该村以1851年发现了蛇颈龙的化石而闻名。而莱斯特也是一个非常有名的英国郡，该郡在历史上曾是英国工业革命的中心，历史上有名的捣毁资本家机器的运动，最早就发生在那里，是由一个叫做路德的人最早发动，所以捣毁机器的运动后来就被命名为路德运动，该郡还闻名的一个重要原因就是这里是桥牌的发源地。不过，出生于1915年的约翰逊显然和这些没有关系，他只是一个乡村警察的儿子，他的父亲是梅尔顿·莫布雷（Barrow upon Soar下辖于该镇，也是莱斯特的一个名镇，那里出产猪肉馅饼和斯蒂尔顿奶酪）的乡村警察，不过，和笔者之前撰写的有关日本王牌飞行员岩本彻三的文章不太一样，岩本虽然也是警察之子，但岩本的父亲可是担任过警察厅厅长的官员，和小乡村警察显然不在一个层次。

> 约翰逊的家乡"Barrow-upon-Soar"村的风光

出生于一战时期的约翰逊显然对于一战没有什么印象，一战后的欧洲，大部分国家都是深恶战争的，这样的环境其实反而有利于人才的成长，虽然20世纪二三十年代也有席卷资本主义的危机，于是，约翰逊得以顺利成长，直到1937年从英国知名的而且具有全球影响的诺丁汉大学毕业，并顺利地成为一个土木工程师，土木工程师，如果从军，在西方的陆军，是很有前途的，许多高级将领都出身土木专业，甚至在军校读的就是土木专业，不过，约翰逊显然志不在此，他的目标是和许多王牌飞行员一样，那就是成为空中的一员，不过，和笔者介绍的法国王牌飞行员克鲁斯特曼一样，已经是土木工程师的约翰逊曾想着参加皇家空军的预备部队或者后备志愿部队，但居然都被拒绝了，而拒绝的理由是，有面试官问约翰逊：你能骑马猎到狐狸吗？而约翰逊的回答是，先生，我几乎不会骑马，于是被拒绝。这个拒绝理由很奇怪，也许在那个时代，空军被当做天空的骑兵吧，又或者，对马匹的操作能力是成为天空之子的基础吧！事实上，在1932年，即约翰逊17岁时，他就购买了自己的第一杆猎枪，一把12毫米口径的猎枪，价值是1英镑，而约翰逊居然采取的是分期付款的方式，分9个月来完成，令笔者不由自主想起了自己的信用卡账单，不过，约翰逊显然没有钱，他的付款办法是打兔子，一只兔子值1先令（20先令就是1英镑），而他平均3发子弹能打中两只兔子，还算有时间，机会也不错的约翰逊事实上很快还清了自己在枪店的欠款。约翰逊后来回忆，正是小时候的射击技巧，促成了自己成为一名空中的神射手。

1937年，约翰逊可以被拒绝，而且拒绝的理由有些荒诞，当然了，也许那名面试官只是不想这么好的人才成为炮灰，好为了英国的未来建设吧，但无论如何，随着二战的到来，皇家空军的自愿部队再也没有理由不需要这样优秀的人才，于是和二战谍战电影《夜晚的狐狸》中的那位美丽的女主角一样，因为时代的需要，必然成为最精英的人才。

和无腿飞将军巴德搭档干活

1940年8月底，约翰逊加入皇家空军第19中队，但该中队并非后补部队，而是个顶枪口的一线中队，此时，不列颠空战正酣，自然没有时间培养新手，于是，训练没几天的菜鸟们包括约翰逊又被调往616中队，不过，需要说明的是，即使约翰逊不被调到616中队，即使他技术强悍，他一样无法参加二战最激烈的不列颠空战，原因是他入伍前就有因为打橄榄球而锁骨受伤，这一旧伤偏偏在这时发作，他不得不住进医院，因为这事，约翰逊差点被怀疑是一个逃避战争的人，一个缺乏道德品行的人。

手术很成功，当年年底，约翰逊又回到了616中队，运气不错的约翰逊于1941年的1月15日，和队友一起击落一架德国的Do-17轰炸机，Do-17虽然是由民航运输机改进而来，但要知道该机原本就是德国人偷梁换柱的作品，所以当该机于1937年服役时，居然超过部分战斗机的速度。此后，到1941年的夏天时，616中队的队员们发动了一系列跨海峡打击德军的作战任务——绰号清洁工，而作为616中队——驻扎在南约克郡的皇家空军辅助部队的一员，技术优异的约翰逊获得了联队长道格拉斯·巴德的认可，尤其是

> D-17型轰炸机，二战初期相当活跃，约翰逊和队友合作击落的第一架敌机就是该型机，二战后期，该机基本被Do-217和Ju-88所取代，而其装备对象则主要成了德国的仆从国

当约翰逊于 1941 年 6 月 26 日击落一架德国的 Bf-109 战斗机之后，巴德已经认定约翰逊是大有前途的飞行员，此后，约翰逊一直是作为巴德的副手而出现的，而他们的友谊并没有随着离开战场而结束，而是终身的友谊。不过，二人在战场的合作并没有持续多长时间，因为仅仅两个月过后，巴德就于 8 月 9 日在法国高斯纳地区上空和一架 Bf-109 战斗机相撞，虽然其顺利跳伞，但由于一条假肢留在飞机内，根本无法躲避起来，最终被德国人俘虏。而随同作战的约翰逊正好看到了巴德被撞跳伞这一幕。

在 1964 年，约翰逊还回忆起那次一起执行任务的样子：此时，作为菜鸟的约翰逊，还在为战斗任务而紧张，而平易近人的巴德则先安抚约翰逊，最终使得约翰逊安静下来，然后一起飞往法国的比奇角海滩，到达时，巴德晃动自己的机翼，于是大家水平爬升，然后在 2.5 万英尺高度保持战斗队形，而当他们飞过多佛海峡时，他们遭遇了德国的 Bf-109 战斗机编队，他们散开和 Bf-109 作战，而约翰逊亲眼看见巴德击落了第一架 Bf-109，而约翰逊在紧急爬升后也击落了一架落单的 Bf-109，击中部位是 Bf-109 没有保护的底部，随着一团浓烟，这架 Bf-109 坠毁。伴随着巴德被俘，这次战斗宣告结束，而到 9 月时，约翰逊的成绩已经是击落 6 架敌机了，而且全部是 Bf-109。已经被俘的巴德的确没有看错，约翰逊是个空中的天才。所以到 9 月时，约翰逊获得了飞行优异十字勋章，并晋升为上尉，成为一名中队指挥官，此时的约

> 约翰逊和自己的战友，无腿飞将军巴德在一起，巴德还是习惯性的动作，手持烟斗

翰逊自由自在地作战，并随着战争的调整而在各个中队跳来跳去，不过，此时的作战，英国飞行员们执行"清洁工"任务时开始遭遇新的敌人——德国更加先进的Fw-190战斗机，该机装有更加强大的发动机，武器是4门20毫米机炮和两挺13毫米的机枪，当约翰逊于1942年2月13日第一次遇见Fw-190战斗机时，仅仅一个起落就击伤了对方。同年，抽空休假的约翰逊甚至回家迎娶了自己的妻子宝莲，后来还生了两个儿子。

皇家加拿大空军的领导人

晋升为上尉的约翰逊负责指挥610中队，到1942年的7月时，约翰逊的个人成绩已经达到了两位数，1942年8月19日，也就是巴德和德国军机相撞一周年的日子，约翰逊和610中队的全体成员以及新西兰的杰米·詹姆逊领导的第12"喷火"队一起在弗莱芒海峡的法国北部城市迪耶普遭遇了庞大的德国战机编队，其中包括100架左右的Bf-109和少量的Fw-190战斗机，约翰逊率领610中队直接插入德军的编队开始了一场混战，结果，约翰逊击落了他的第四架Fw-190战斗机，这几乎成了一个标志，因为这标志着改进后的"喷火"和Fw-190战斗机差距越来越小。1942年秋天约翰逊又成为244中队的指挥官。

而到1943年3月时，约翰逊接管了新近成立的加拿大人组成的驻扎在肯里的加拿大飞行联队，由于这是新成立的部队，战斗力较差而且最主要的是缺乏凝聚力，但善于组织的约翰逊却使得队员们很快熟悉自己的工作，并很快投入到打击在法国的地面目标以及为美国的第八空军B-17白天空袭德国进行护航的任务，应该说美国人制定的在白天轰炸德国的策略是极其失败的，因为航程的原因，"喷火"总是很难全程陪护轰炸机，而没有护航的轰炸机就是德国人最好的靶子，事实上，英国人早先对德国的轰炸就遭遇了类似的问题，但美国人刚参加欧战时，没有听取英国的情报，不得不说这是活该，战争中，不听取正确的意见，总是只能获得悲剧的结果。但是，尽管对于美国轰炸机是个悲剧，但约翰逊的战绩却是不断上升，此时，他的成绩已经是击落14架敌机以及和战友共同击落5架德国战机。为此，约翰逊获得了英国颁发的优异服务勋章（DSO）。

为了融入加拿大团，约翰逊接受了第403中队（加拿大团所属中队）中队长福特的建议，别上了加拿大团特有的徽章以及加拿大团特有的红色肩章，而约翰逊的书桌上也有了一条蓝色的加拿大团的标志。福特曾经告诉约翰逊：孩子们（加拿大队员）希望你穿上这些！毕竟我们是一个加拿大空战团，所以我们必须把你也转换过来（成为其中一员）。虽然在技术层面，这是违反英国的规定的，但是约翰逊仍然将徽章和肩章绣在自己的外套上，而这显然有利于得到队员们的认同，也有利于部队的团结，事实上，在约翰逊的带领下，加拿大团的确干得不错，并产生了一系列的王牌飞行员。

而到1943年9月时，约翰逊又被命令作为第11集团总部的参谋人员从而不能再参与和加拿大队员扫射地面以及战斗机护航任务。而作为参谋人员歇了大约6个月后，即到1944年3月时，皇家加拿大空军下辖3个中队的驻扎在迪格比岛的144联队，该联队隶属于83集团军，包括441、442和443

> "喷火"式战斗机，无论对于巴德还是约翰逊来说都是最主要的座驾

三个中队，由于约翰逊的声望，更由于许多飞行员对约翰逊的熟识，也由于约翰逊卓绝的飞行技术以及成绩，居然坚持要约翰逊来掌握该联队，于是刚返回一线部队，不断取得成绩的约翰逊在 4 个月后，获得了他的又一枚优异服务勋章，并成为该联队的队长，而加拿大空军自此和约翰逊搭上了一生都无法拆解的缘分。

从来不受伤的"空中大跃进"

应该说约翰逊当然领导很优秀，能俘获那么多加拿大飞行员的人心，但当领导了业务能力也没落下，而约翰逊的成绩，主要也是在 1943 年到 1944 年之间获得的。1943 年 2 月，其可能击落了一架 Fw-190 战斗机，而 4 月 3 日，即终于击落了一架 Fw-190 战斗机，而 1943 年的 4 月 5 日，其共击伤了 3 架 Fw-190 战斗机，而 5 月份，则击落了 3 架敌机，共同击落一架，而 6 月~7 月，则共击落了 7 架敌机，共同击落了 2 架，击伤至少 2 架，而 8 月~9 月，则击落了 3 架 Fw-190 战斗机，共同击落了 2 架 Bf-109，可能击伤一架，而 1944 年 3 月 28 日，也就是刚由参谋人员恢复到前线参战没几天，其又和战友共同炸毁了一架地面的 Ju-88 战斗机，"喷火"以及 Bf-109 等战斗机在介绍前面的飞行员时，多有介绍，但 Ju-88 显然也需要重点了解：Ju-88 是德国一款堪称全才的飞机，因为其既可以作为轰炸机来使用，又可以作为战斗机、夜间战斗机、驱逐机、坦克攻击机、侦察机以及俯冲轰炸机来使用，可以这么说，凡是德国空军能想到的事情，容克的 Ju-88 都能完成。而事实上，1936 年 12 月首飞的 Ju-88，其实是一款由民航机改装而成的轰炸机，而且由于其作为民航机时的速度一度超越许多国家的战斗机，而让许多航空工业工作者吃惊，所以很快被认为是一款理想的高速轰炸机。Ju-88 由于非常出色，居然曾经制造出了 15000 架之多，是德国在二战中最可依赖的机型之一，要知道，大名鼎鼎的"零式"战斗机，也不过生产了 10937 架，大约只有"喷火"的 25315 架（含陆上"喷火"和 2000 多架的海上"喷火"），B-24 的 19203 架，P-51 的 15586 架，P-47 的 15683 架以及"飓风"的 14533 架，伊尔 -2 的 36163 架，雅克 -9 的 16769 架，波 -2 的 33300 架以及 Bf-109 的 35000 架还有 Fw-190

的 20001 架可以媲美，事实上，二战中产量上万的机型，各国共有 25 型之多，但 Ju-88 由于性能原因，其产量是高得吓人。其最后的改型 Ju-388S，最高时速居然达到了 650 千米/小时，几乎是活塞飞机的极限了，而尤其出色的是其带有雷达和武器的夜间战斗机在击落英国皇家空军的轰炸机方面，性能更加突出。在二战中，其多功能以及优异的表现，大概只有英国的蚊式战斗机可以与之类似。

1944 年的 4 月～5 月间，约翰逊再次击落 3 架 Fw-190 战斗机，而 6 月～7 月，再次击落 7 架德国战机，击伤一架，1944 年 8 月，则又击落两架 Fw-190 战斗机，1944 年 9 月 27 日，则击落了其空军生涯中的最后一架敌机，1 架 Bf-109 战斗机。可以说，在短短的两年时间内，其共击落了 28 架德国战机，可能击落了一架 Fw-190 战斗机，合作击落了 5 架德国战机，击伤了 4 架德国战机，其成绩显然不让同样是在短短的两年时间内取得惊人成绩的克鲁斯特曼。当然了，不得不说明的是，从 1943 年开始，盟军空军在战略上就处于主动地位。尤其是约翰逊再次返回战场后，他赶上了历史注定无法忽视的诺曼底登陆，即从 1944 年 6 月 6 日开始的 D 日作战计划，在 D 日，约翰逊的 144 联队曾经 4 次飞越诺曼底海滩的上空，而经过比尔周的作战后，1944 年 6 月 15 日，144 联队最终驻扎在 B3 地区，那里有一个很大的草场，不过草早已经被剪除，最终形成了一个很粗糙的但跑道足够长的野战机场。

> 手绘版的约翰逊的座机，注意机上面英国、加拿大和约翰逊自己的字母标识

鉴于该机场的草率，为了能停留在该机场，约翰逊决定144联队的3个中队以30分钟的间隔，由拉塞尔的442中队打头，成双成对地降落，但约翰逊的座机降落颇为不顺，许多队友都能看到标有JEJ标志，即James Edgar Johnson标志的飞机，而这正是约翰逊的座机。约翰逊曾经先后3次试图降落，而直到第四次，才降落成功。而当他降落成功后，他对拉塞尔说，如果他不能将这该死的飞机降落的话，那么他最后的方法就是让拉塞尔派一架战机从空中将自己的座机给击落好了。虽然有这次经历，但无可置疑的是，约翰逊驾驶的座机，一直都是"喷火"式的，虽然型号从Ⅰ、Ⅱ、Ⅴ、Ⅸ、ⅩⅣ，跨度极大。而正是由于其驾驶的都是"喷火"战斗机，而其又是英国第一王牌飞行员，这使得约翰逊获得了"喷火"之王的称号。而更令许多人惊奇的是，和许多王牌飞行员不一样的是，尽管约翰逊取得了惊人的成绩，但约翰逊从来没有被击落过，而其座机被击中，也仅仅只有一次，这使得其经历更具有独特的色彩。

> Fw-190性能非常优异，全面超越当时英国的"喷火"战斗机，以致英国人哀叹说又一次遇到了福克灾难。

驻扎德国的啤酒桶故事

诺曼底登陆,在击落了一架 Bf-109 战斗机后,约翰逊的击落敌机之路从此结束,但此时,他的成绩也超过了在 1940 年到 1941 年两年时间里来自于南非的英联邦飞行员马兰创造的纪录,短短的两年时间里,约翰逊击落了 28 架敌机,而之前,其已经击落了 10 架敌机,论总成绩,论单位时间内击落敌机的数量,约翰逊都是当之无愧的英国第一王牌飞行员。1945 年 5 月时,约翰逊终于要结束自己在 125 联队的指挥官使命,此时,他的部队正驻扎在丹麦,虽然约翰逊是英国的第一王牌飞行员,但是其并不是英联邦的第一王牌飞行员,英联邦的第一王牌飞行员是来自于南非的帕特尔,其在 1941 年 4 月被击落前,在中东和地中海东部取得了击落 41 架敌机的纪录。

创造空中奇迹已经不再可能,但这个诺丁汉大学毕业的高材生,这个土木工程师,居然用另外一种方法让其在航空史上在写下了一笔:当战争结束时,约翰逊驻扎于德国本土,鉴于当时德国本土百业凋敝,缺食少穿,约翰逊让自己的部队从英国本土奇切斯特地区运来了各种食品,包括面包、番茄、龙虾以及各种点心等食品,而更为夸张的是,为了多运输货物,约翰逊的办法,居然还包括将原产奇切斯特的桶装啤酒,捆绑在自己联队的飞机的机翼上,然后飞往布鲁塞尔,再从那里通过汽车运往德国本土自己部队的驻地。用飞机运货物,这是本来的功能,但如果在飞机机翼上绑上啤酒桶,绝对是一件匪夷所思的事情,其大约只有艺高人胆大和活塞时代飞机的性能来形容了,毕竟今日还有在活塞飞机机翼上表演舞蹈的来自英国的 UBB 飞行表演队,两个大美女把自己吊在飞机翅膀上来完成各种舞蹈动作,看起来惊险刺激,但约翰逊早在二战后就玩机翼上吊啤酒桶的游戏,对于约翰逊来说,在飞机上玩跳舞,大概也是小菜一碟吧。

美国波士顿的米尔斯出版社曾经在 2000 年出版了当年的加拿大飞行员罗伯特·布莱登的《"喷火",加拿大》一书,对于约翰逊的"神奇事迹"曾有详细的描述:布莱登最开始在尼日利亚的奥图执行任务,而当时他已经听说了这架型号为ⅩⅣ的"喷火"的故事。布莱登后来被调到 402 中队,该中队曾经是最早装备"喷火"ⅩⅣ型战斗机的部队，而当他从驻地到布鲁塞尔取从飞机上卸下来的货物时，惊奇地发现了啤酒桶，于是很小心地和其他几个飞行员搬运啤酒桶，布莱登卸下货物，但运输货物的卡车并非该部队的，卡车的中士司机询问布莱登：你们是126联队的？是的，布莱登回答，在简单检查了货物后，布莱登就和伙伴们将包括啤酒桶在内的货物运往126联队驻扎所在地，当卡车到达比利时的迪斯特时，布莱登终于不用再奔波，因为那里正是402中队所在地，而约翰逊下辖的127联队则驻扎在柏林（后来还驻扎在基尔港），他终于可以敞开喝啤酒了，这时，他才发现啤酒桶上面写着约翰逊–127联队的字样，此时的约翰逊在加拿大空中部队中是如雷贯耳的，而布莱登首先要感谢的，则是约翰逊从英国空运过来的啤酒。而由于在德国期间表现优异，约翰逊还获得了当时德国政府的两枚勋章。

> 获得丘吉尔接见的约翰逊

> 约翰逊似乎很喜欢狗，他的许多照片总是离不开他的爱狗，许多喜欢宠物的朋友大概会对约翰逊充满好感，笔者本人也一样

从朝鲜战争到北约部队空中司令

1947年时，鉴于约翰逊过去在加拿大部队的优异表现，他被派往多伦多的加拿大空军指挥学院参加加拿大皇家空军的培训，而军衔，此时已经是中校。1950到1951年，约翰逊又参加了英国和美国空军的军官交换计划，在美军工作，而当朝鲜战争爆发后，他又于1950年到1951年参加了美国在朝鲜战场的行动，在朝鲜战场，约翰逊曾经驾驶过B-26型飞机，还驾驶过洛克希德公司研发生产的F-80流星式战斗机，虽然没有获得什么成绩，不过却再次获得美国的荣誉军团勋章。

1952年，约翰逊开始担任英军驻德国维尔德润斯基地的指挥官，1954年，

> 约翰逊的战机已经成了博物馆的珍藏

晋升上校，而 1957 年到 1960 年，又担任英国考斯特基地的指挥官。鉴于其优异表现，1960 年，约翰逊获得英帝国二等勋位爵士（CBE），并提升为准将。1963 年，约翰逊曾担任在阿登的北大西洋公约组织中部空军司令，而此时，其军衔也变成了少将，而其 1966 年退休时的职位是驻亚丁湾的英国中东地区空军部队司令。1965 年时，约翰逊的爵位再升一级，成了花勋位的爵士（CB）。

作家兼慈善家

约翰逊于 1966 年退休后，其并没有闲着，而是在英国、加拿大和南非组织了一家公司，这家公司的名字是约翰逊住房信托基金（the Johnnie Johnson Housing Trust），而他在该基金会工作直到 1989 年。该基金会的主要目的是照顾老人、残疾人、病弱的年轻人或者家庭，并向他们提供住房，值得注意的是，该基金会今天依然发挥着作用，管理着超过 4000 间的房屋和公寓，更加值得注意的是，该信托基金，其支持者，大部分是英国皇家空军的成员，包括无腿飞行员巴德，巴德甚至一直支持约翰逊的工作直到 1982 年去世。而该公司刚开始运作时，没有办公室、没有人员、也没有资金，而约翰逊硬是说服斯托克港的地方政府为其提供了一块土地用来建设公司，又说服政府部门提供资金来建设。在 1971 年时，经过两年多的努力，当地的报纸已经可以刊登这样的文章，房间出租，每星期 5 英镑！显然这主要是给那些具有一定负担能力的人，而收入显然能帮助那些真正需要帮助的人。显然，该基金会的运转已经完全步入正轨。

如果说慈善事业可以作为终身事业的话，约翰逊的兼职同样有声有色，而且在其没有退休时，其就已经开始了这项工作，这便是写作，当然了，前面我们已经介绍了太多的喜欢写作，并且往往还卓有成效的飞行员，如克鲁斯特曼以及岩本彻三等人，而从 1956 年起，约翰逊就开始写作，比如 1956 年的《特别的联队领导人》，1964 年的《一个战时的自传，完整的循环》，还和他的同事，同样是王牌飞行员的卢卡斯，于 1990 年写了《光荣的夏季》，1992 年写作了《勇气的天空》，1995 年又写作了《空中的胜利》。而写于 1956 年的《特别的联队领导人》大约是约翰逊写作的最有名的书籍，而且这些书籍都比较畅销，看来做个飞行员，会是许多有志于创作的有志青年的一条出路吧，毕竟空中的经历，尤其是战争中空中的经历，不是一般人所能具有的。

和许多长寿的飞行员一样，约翰逊也特别能耐，其直到 2001 年 1 月 3 0 日才在同样位于英国中部的德比郡去世，他在那里生活了很多年，晚年的主要生活，就是在附近的水库钓鱼，享年 8 6 岁。而在其去世后，英国皇家空军标志的喷火战斗机曾经环绕飞行其最后生活过的村庄，为的是纪念这位曾经的长官，曾经的喷火之王。

> 英国人库伯特 1943 年画的约翰逊的画像

06

来自南非的英联邦头号王牌飞行员
摩根·托马斯·圣·约翰·帕特尔

笔者在王牌飞行员系列中已经写过两个英国的王牌飞行员，他们分别是著名的无腿飞将军道格拉斯·巴德和"喷火"之王、英国头号王牌飞行员詹姆斯·约翰逊。这二人的战果，都是值得一书的，但本人要讲述的主人公，其经历比这两位还要神奇，而其成绩，也远远超过他们！虽然其来自南非，但也是英国皇家空军的一员，他便是二战英联邦头号王牌飞行员摩根·托马斯·圣·约翰·帕特尔，一位来自南非的王牌飞行员。

> 帕特尔戎装像，其总是洋溢着笑容的脸，似乎写不尽对人生的热爱

来自南非的神枪手

二战中,英国人挺过了最难的关口,因为德国人的海狮计划差点得逞,如果不是希特勒突然改变部署,挥戈向东直扑苏联,那么在德国的狂轰滥炸、V1、V2导弹总是不停地发射以及海上绞杀战的威胁下,英国很可能坚持不下去!尽管已经经历了导致其衰败的一战,但大英帝国之所以能打赢二战,除了苏联、美国、中国等同盟国的协同作战支持以及美国等的物资援助,还有一点也非常重要,那便是来自英国的广大殖民地的支持,如果没有印度、加拿大、澳大利亚以及南非等英国殖民地的物资和人力支持,英国根本就无法坚持到战争结束,一如一战德国的投降最终原因在于实在无法维持战争一样!而摩根·托马斯·圣·约翰·帕特尔正是来自于南非的"人力"之一,二战中,大英帝国庞大的殖民地为其母国不列颠提供了无穷的人力和物力,一如一战。不过,相对于一二战史对加拿大和澳大利亚士兵的报道,南非这块土地显得太过于低调。不过无论是一战还是二战,南非,这块被英国彻底征服,于1910年才建立联邦的国家,还是对英国的战争提供了直接的作用巨大的物

> 南非农场场景,帕特尔是农场主之子,闲来无事打猎,练就了神枪手的本领

力和人力支持，须知，虽然在农业方面，英国的殖民地印度以羊毛闻名，澳大利亚也以羊毛闻名，而加拿大，则是粮食种植闻名，但作为世界上五大矿业国之一，南非丰富的黄金、煤、铜等资源，同样是战争不可或缺的。而人力方面，南非的白人人口不如澳大利亚、加拿大等国，但二战中南非为英国提供的兵力，可不仅仅是白人士兵，来自南非等国的黑人士兵在解放利比亚、埃塞俄比亚等国的斗争中发挥了巨大的作用，沉重地打击了"轴心国"的德国和意大利军队，为二战的胜利作出了重大贡献。而摩根·托马斯·圣·约翰·帕特尔，这一英国移民之子，更是直接加入了英国皇家空军，而且取得了辉煌的成绩。

摩根·托马斯·圣·约翰·帕特尔（Marmaduke Thomas St. John Pattle），昵称"帕特"，于1914年7月3日出生于南非开普敦省巴特沃斯市，事实上，这时候的南非联邦建立才4年，而帕特尔的求学生涯主要是在金马舍普中学，该学校位于西南非洲，或者更具体点说就是今天的纳米比亚，这里原本是德国的殖民地，但1915年英国出兵占领了纳米比亚全境，而南非于1920年获得国联授予的托管权，而这一托管，就是近乎40年，其于1978年才独立。

> 巴特沃斯是南非开普省非常有特色的一个小镇，而帕特尔就出生在那里

帕特尔之所以在那里就读，原因很简单，他老爸是农场主，在英国出兵占领了纳米比亚后，自然随军到那里去殖民养羊了，帕特尔自然需要跟随。在经过初级中学的教育后，其又就读于开普敦省巴特沃斯市格雷姆镇的维多利亚男子高级中学（男女分校并非中国古代独有，事实上各国皆如此）就读，这个格雷姆镇也是很有特色的，因为该镇教堂众多，有"圣人之城"的绰号，帕特尔就读的维多利亚男子中学于1939年还变成了格雷姆学院。不过这并不意味着帕特尔就是科班出身，因为该校改成学院已经是好几年以后的事情了。

在初中阶段，即在金马舍普就读期间，帕特尔练成了一手绝活，那便是神枪手。农场主练成好枪法并不稀奇，时至今日，纳米比亚仍然是畜牧业的大国——面积85万平方千米，人口只有200多万的国家，却养着400多万只羊，300万头牛！当然了，作为南非的邻国，纳米比亚的矿产资源也非常丰富，钻石、铀、铜等的产量非常丰富，而且该国目前还有曾经是世界最大野生动物园的埃托沙公园，因为该国的野生动物实在丰富，那么上世纪初，没有网上，没有电视看，严重缺乏娱乐设施的有大量闲暇时间的农场主儿子，能有什么事情干？自然是打猎！不但打猎，而且是那种远征队式的打猎，在茫茫大草原上骑马飞跑打猎，实在是太惬意了，而且从此诞生了一位神枪手，正如当初在南非大地无序训练就可以和英国人进行战争的布尔人一样，这几乎是天生的本能，当然了，这一本能对后来帕特尔成为英联邦王牌飞行员作用巨大。

又一个被拒绝入伍的王牌飞行员

世界各国的王牌飞行员中，多有被拒绝入伍的飞行员，如二战法国头号王牌飞行员克鲁斯特曼，如二战英国头号王牌飞行员詹姆斯·约翰逊，而英联邦王牌飞行员，也曾遭遇这样的命运，看来，把这三个王牌飞行员放到一起，也可以作为励志教育或者应聘成功的经典教材：不要害怕被拒绝，也许你以后才是这一行业的王牌！

似乎所有的飞行员都对能参加空军有近乎本能的渴望，而王牌飞行员自然是有过之而无不及！从维多利亚男子高中毕业后，1933年，帕特尔就立即申请加入南非空军，估计是距离战争尚有时日吧，此时的选拔考试标准极为严苛，33名申请者，居然只通过了3名，名落孙山的帕特尔只能被拒绝！这令他非常失望，但同时，又有一个对于今天的人来说绝对够诱惑的工作——去金矿上班！今天的金矿绝对是有钱部门，那个时代也是亦然！不过，农场主的儿子大概真不缺钱吧，也许是飞行更有诱惑力，不能参加南非空军，帕特尔又加入了南非的准军事组织（the Special Service Battalion），为的是通过曲线救国的方式，从而进入南非空军。

3年之后，虽然没有加入南非空军，帕特尔却迎来了另外一次机遇，英国皇家空军通过报纸打广告在南非招收年轻人加入皇家空军，抓住机遇的帕特尔直航英格兰，然后参加了英联邦各地年轻人都参与的选拔考试，这一次，帕特尔终于抓住机遇，以三甲的成绩，顺利通过考试，1936年4月，终于正式接受飞行员训练（有些资料认为其事先已经加入了南非空军，这显然缺乏依据），即将开始自己辉煌的空中生涯。

和英联邦那个时代的所有嫩雏飞行员一样，帕特尔的"初恋"也是一架德·哈维兰的"虎蛾"教练机，"虎蛾"教练机是一款性能良好的双翼教练机，得到英联邦几乎所有飞行教官和飞行员的称赞，除英国外，印度、加拿大、澳大利亚、新西兰等众多国家，都曾装备该型教练机，许多飞行员甚至认为"闭着眼睛也能安全驾驶该飞机"，各种"虎蛾"产量甚至高达8700架，在教练机中，这绝对属于惊人的数量，时至今日，"虎蛾"仍是许多飞行爱好者的最爱，而在2009年印度的班加罗尔航展上，印度政府居然也展出了二战时期的"虎蛾"

> 帕特尔早期驾驶的"格罗斯特格斗者"战机，其编号出现在埃及

双翼教练机！而帕特尔接触的第二型教练机，则是格罗斯特的铁手套，该机正是英国二战时期著名的，也是英国最后一款双翼战斗机——"格罗斯特格斗者"（Gloster Gladiator）的原型机，也是帕特尔后来驾驶的第一款战斗机。

和许多刚开始默默无闻的飞行员不一样，在训练期间的帕特尔就表现出了战斗机飞行员的一项天赋——他是一个优秀的射手，虽然说在马上射击和在飞机上射击是两码事，但两者毕竟有共同的东西，那便是动对动的射击，而不是狙击手那样静对动的类似打靶一样的射击！

埃及，利比亚

1937年，帕特尔以优异的成绩完成了自己的训练，由于在训练期间就曾担任代理飞行员指挥官（1936年8月24日被英国第十飞行训练学校的临时委员会授予），1937年6月27日，帕特尔已经被正式任命为皇家空军的飞行员指挥官（Pilot Officer）并加入第80中队！这个中队是第一次世界大战后期才组建的部队，而在战后又被撤销，而此时刚刚组建不久！

帕特尔的座机，正是上面讲述的"格罗斯特格斗者"。该机虽然是一款双翼机，站在今天的角度看，二战就是双翼机的末日，但是该机在二战爆发前，却是英国最新和最快的战斗机：该机采用封闭式座舱，已经比之前的那些开放式座舱的战机强了许多。虽然此时单翼机已经出现，但作为早期产品，除了速度方面稍差以外，无论是机动性还是可靠性都是当时的单翼机所不能比的。"格罗斯特格斗者"不单是英国皇家空军的战机，也是皇家海军的舰载战斗机！而在二战爆发前，当时的中国也进口过一批"格罗斯特格斗者"战斗机在抗战初期发挥了极为重要的作用。虽然"格罗斯特格斗者"注定是个过渡机型，但在"飓风"和"喷火"装备之前，却代表着英国的一线装备。

1938年4月，帕特尔随第80中队部署到了埃及！此时二战虽然还没有爆发，欧洲上空弥漫着绥靖主义的气息，但距离战争已经不遥远了！此时德国已经吞并了奥地利，并在找捷克斯洛伐克的茬，而此时的帕特尔，自然是呕心沥血提高战斗技能——对于一个天生的神射手而言，他还需要锻炼其他的战斗机飞行员素养——这就是对视觉的培养，这也是神射手必须要锻炼的，看不远，如何能打得远啊，而另外一项技能则是反应能力，即能在瞬间做出反应，不然，等待你的只有死亡！而帕特尔这一训练，就是两年！这两年，在中东显然也是不平定的——因为世界上第一个法西斯政权意大利的墨索里尼，一直试图恢复罗马帝国的荣光，而在欧洲大陆上空，其显然缺乏着力点，德国是盟友，法国打不过，别说法国了，后来连打希腊都被揍得鼻青脸肿，所以，意大利加入"轴心国"，其更多的着力点，和德国不一样，如果说德国是为了争夺欧洲乃至全球的统治权，那么意大利的目标，则是夺取在非洲和中东的利益，这并不是说意大利没有全面恢复罗马帝国的梦想，而是意大利实在缺乏恢复罗马帝国的实力和底气，于是，中东成了最好的突破口，在阿比西尼亚（埃塞俄比亚）、利比亚，意大利均采取了直接的军事行动，尤其是阿比西尼亚，实在不善于打仗的意大利军队对付落后几十年的当地军队，居然连毒气都使用上了，而在利比亚，意大利则一直采取的是渗透的办法，而为了拉拢意大利，英国又一直采取纵容的办法，然而纵容也是有限度的，当意大利于1940年6月参与了对法国的侵略战争（虽然在边境地区同样被法国人揍，法国人打不过德国人了，打意大利人却一点问题没有），作为在中

> 正在加油的"格罗斯特格斗者"战斗机，从士兵的打扮看，是在中东的沙漠地区

东地区扮演"警察角色"的英国人来说，再不出手，面子就真的挂不住了——不过还没等英国人出手呢，意大利人倒是先打过来了，很强悍，被收拾得也很强悍！

于是，帕特尔和他的伙伴们，终于卷入了在埃及和利比亚边境的战斗，1940年7月，当意大利的地面部队和空军一起袭击英军位于沙漠中的军队时，他们开始遭受来自皇家空军的打击，而已经驻扎于富沃德机场（埃及和利比亚边境地区）的第80中队开始反击，到8月时，帕特尔宣称自己的成绩已经是4架和1架可能的击落！不过，8月4日，帕特尔却被一架意大利战斗机击落，当天，帕特尔和战友，共4架"格罗斯特格斗者"护送一架莱赛德式联络机——二战时英国有名的特种作战飞机，除了能作为陆军和空军的联络机，其更有名的用途，是作为夜间战斗机以及用于敌后的特种作战（其可以在平坦的地方起降，对着陆要求很低，适合执行输送特工等特种作战任务），但却首先遭遇了意大利空军159中队的6架布雷达Ba.65/A80S型攻击机（装备菲亚特的A 80型发动机，该机并不适合在沙漠地区作战，所以在利比亚作战的该型飞机几乎损失殆尽）和160中队的6架菲亚特CR-32型战斗机，虽然帕特尔迫使一架布雷达Ba.65/A80S型攻击机飞行员跳伞，但却随后遭到了另一队菲亚特CR-42"猎鹰"式战机的攻击，该机也是双翼机，和帕特尔的"格罗斯特格斗者"貌似堪称棋逢对手，但该机的座舱都不是封闭的，虽然飞行性能良好，但由于火力较弱等原因，在和英法战机遭遇时，总是命运多舛（尤其是作为唯一的双翼机参与不列颠空战时，意大利的50架菲亚特CR-42损失殆尽）！虽然帕特尔试图击落该机，但随即发现有一架布雷达Ba.65和另一架菲亚特CR-42也在夹攻自己，而且实施的是饱和攻击战略，最终帕特尔避开了布雷达的攻击，但在菲亚特CR-42里面的飞行员，却是个"老鸟"，该机实施了一次完美的偏转攻击，击落了帕特尔的座机，一起被击落的，还有帕特尔的僚机，幸好二人都得以迫降，而且在降落前都选择在有利于己方的地域——由于是在埃及境内作战，经过两天的沙漠跋涉，帕特尔和队友终于被英国的一个分遣队所拯救，都回到了位于西迪·巴拉尼的基地，（该基地很有名，因为美国作家凯利·马斯汀曾经写过一篇小小说《半个世纪的等待》，故事发生的背景正是西迪·巴拉尼，该基地后来被意大利人攻陷，但在1940

> 菲亚特 CR-32 型战斗机，性能更加落后的双翼机，英国皇家空军十足的靶子

年12月9日，又被英国皇家第七坦克团和第四印度师给攻陷，战斗仅10分钟，号称打火机的意大利坦克就被摧毁了23辆）而不是被俘！

　　根据事后的分析，击落帕特尔的，是西班牙内战中的意大利王牌，意大利空军第90中队的弗朗哥·卢基尼中尉，其最终个人战绩是26架！被这样的飞行员击落，帕特尔不冤！大难不死，必有后福！仅仅两天后，即8月8日，在属于意大利殖民地的比厄尔戈壁东部大约35千米处，帕特尔所在80中队的14架"格罗斯特格斗者"和意大利空军第九和第十团的16架菲亚特CR-42遭遇，或者说是皇家空军在此设伏。也许是为了挽回自己的荣誉，也许是时来运转，战斗一开始，短短的混战后，帕特尔就盯上了一架落单的菲亚特CR-42，在大约50米远的地方，两次短点射，这架可怜的菲亚特CR-42就被打得进入尾旋，而且立即起火坠地，但意大利空军的飞行员却没有放弃自己的座机，于是一起坠毁，正当帕特尔在观看自己的战机时，却有另一架菲亚特CR-42从帕特尔的下部发动了偷袭，利用自己的高度优势，帕特尔一个急速拉起反而落在了后面，然后一个短点射，这架菲亚特CR-42变成了非常漂亮的烟花！而他的飞行官格雷厄姆看到了这一幕！极为赞赏他的果断动作。后来，根据史学家的考订，被击落的飞行员很可能是纳力诺准尉（因为资料的原因，其对纳力诺的军衔标注是Maresciallo，而Maresciallo在意大利语里面还有一个意思，那便是元帅，意大利空军元帅只有一位，即被自己人打下来的巴尔博，这位是从哪里冒出来的啊？所以，其标准军衔该是Maresciallo

Maggiore 才对，即一级准尉，再让意大利被打下来一位空军元帅，意大利空军众多将领死不瞑目矣！），其是意大利皇家空军较早的成员，于 1930 年服役，也是意大利的双翼机王牌飞行员。在击落纳力诺后，帕特尔于 9 月 3 日被授予空军中尉的军衔，而之后没几天，其又击落一架萨伏伊 – 马谢蒂 SM-79 鹰式轰炸机，该轰炸机在西班牙内战中表现极为抢眼，是弗朗哥叛军夺取制空权的有力保证，但在二战中，除了在东线被罗马尼亚空军用来对付苏联时成效不错外，其他时间，乏善可陈，但该机的速度可达 434 千米每小时，不比格斗者慢，所以从 "格罗斯特格斗者" 手里逃跑还是可以的，但却栽在了帕特尔的手里！

虽然接连不断地取得战绩，但在利比亚等地的战斗，注定只是帕特尔的磨刀石，因为其真正建功立业的地方，是希腊地区。1940 年 11 月，帕特尔和其他 80 中队的其他成员一起，被转移到了希腊地区。

飞翔在希腊的双翼机之王

帕特尔被调往希腊，最主要的原因是意大利于 1940 年 10 月无缘无故的入侵了希腊，原本意大利就对战争准备不足，其在中东处于观望态势，后来墨索里尼一记昏招出兵参与不列颠空战，被英国人狂揍，但没多久其又出兵希腊，虽然比埃塞俄比亚军队强，没有飞机和坦克的希腊军队依然顽强地抵抗了意大利的进攻，而英国的介入，显然是为了丘吉尔的战略，即防止希腊、阿尔巴尼亚以及罗马尼亚被 "轴心国" 入侵（事实上一个月后罗马尼亚加入了 "轴心国"），英国需要派遣一支部队前去希腊，能开辟第二条战线来打击 "轴心国" 尤其是德国，当然了，由于当时英国在地中海的被动地位（法国投降后，英国在地中海的基地只剩下两个，即直布罗陀和亚历山大），事实上英国只能给予很少的帮助，这其中空军的援助就成了重头！虽然这对于英国来说不是重头戏所在，但对于帕特尔来说，却是他人生最重要的战场，甚至，他的生命永久地留在了这里！

1940 年 11 月 19 日，帕特尔和第 80 中队的其他 8 名飞行员一起，袭击了位于阿尔巴尼亚东南部港口城市科尔察的意大利机场，那里驻有意大利菲亚

> 意大利二战中标志性的战斗机，菲亚特 CR-42，更多的时候，该机扮演的是挨打的角色

特 CR-42S 型和菲亚特 G50 比斯型战机，战斗中，皇家空军摧毁意大利空军第 160 团 9 架战机以及 2 架可能的摧毁，而意大利空军第 24 团的 355 中队，则损失了 3 架菲亚特 CR-42S 战机以及一架菲亚特 G50 比斯型战机，菲亚特 G50 比斯型战机堪称意大利空军的精华，在战争初期和另一款战机，即麦克奇 C200"霹雳"式战斗机一起，是意大利可以和其他国家对抗的 2 型飞机（当然了，只是具备了对抗的条件，并不是就能对抗过人家）。战斗中，皇家空军仅仅损失了一架"格罗斯特格斗者"，而帕特尔当天运气也不错，其击落了两架菲亚特 CR-42S 战机。

尽管冬天来临，但这一时期的第 80 中队表现依然活跃，而他们的目标主要是意大利的轰炸机——显然是为了防止其对自己盟友的轰炸。

12 月 2 日，在阿尔巴尼亚南部城市吉诺卡斯特（阿尔巴尼亚前领导人霍查的出生地，是有名的石头城，作为要塞的该城全部由石头建成，而当地民居的屋顶也全部由石板铺就，类似于我国云南等地少数民族的建筑）地区，帕特尔又击落了两架伊曼 Ro.37 比斯型战斗机，该型战机属于意大利空军第 42 侦察中队，也是一款双翼机（二战中只有意大利有种类如此繁多的双翼机），由于性能的原因，战争爆发不久，就由战斗机变成了侦察机。帕特尔击落了该机，不但击落了飞行员路易吉·德尔·曼农军士长，连后座的德国观察员米歇尔·米兰中尉也跟着遭殃，一起死亡！12 月 4 日，皇家空军再次和意大利空军爆发了大规模的空战，皇家空军的战机和大约 50 架菲亚特 CR-42S 战机遭遇。该战，大约是双翼机之间世界上最后一次大规模的空战了。此战也证明了一点，双翼机已经不再适应现代的空战了。

皇家空军宣称击落了 9 架菲亚特 CR-42S 战机和两个可能的击落，而帕特尔居然采取撞击敌人油箱和机翼的办法，击落了敌人 3 架菲亚特 CR-42S 战机，可能击落了 1 架菲亚特 CR32 战机。不过意大利方面的战果显示，此战意大利损失了 2 架菲亚特 CR-42S 战机，飞行员艾伯特·特润欧中尉和保罗·潘纳少尉死亡。

1941 年 2 月 11 日，鉴于其取得的成绩——他已经击落了大致 15 架敌机，而这些成绩全部是驾驶过时的"格罗斯特格斗者"双翼机来完成的，他因而被授予飞行十字勋章（DFC），这是英国飞行员的最高荣誉。而大致 15 架的

> 帕特尔曾经击落过 2 架伊曼（IMAM）Ro.37 型战机，该机由于性能落后，在二战中主要被意大利当做侦察机使用

成绩，足以使得帕特尔变成二战的双翼机之王，二战中，也只有帕特尔能驾驶双翼机取得如此辉煌的成绩。

"飓风"之王

在因为驾驶双翼机获得飞行十字勋章之后，1941年2月20日，第80中队的装备换成了霍克的"飓风"MK-Ⅰ型战斗机——该机虽然在法国战役中表现糟糕，但主要原因并非飞机的落后，而是英国仍采取落后的V型编队战术，所以在不列颠空战中，虽然"喷火"战机已经服役，但由于数量的原因，唱主角的依然是"飓风"战机。该机虽然难以与Bf-109对战，但在战争中采取与"喷火"搭配的方式，即"喷火"对付护航的Bf-109，而"飓风"则对付德国的Bf-110双引擎战斗机等，所以取得的成绩反而超出"喷火"，在战争后期，其越来越注重轰炸攻击的性能，但对于在近东的希腊战场，"飓风"显然要担当的是主力！就在第80中队装备"飓风"的同天，6架"飓风"护送16架"布里斯托尔布伦海姆"式轰炸机（8架属于第84中队，8架属于第211中队）去轰炸阿尔巴尼亚的佩拉特市执行轰炸任务，而得到空袭预警的意大利154团第361中队和395中队的菲亚特G50比斯型战机也已经从佩特拉机场起飞迎敌，随即遭到了第80中队战机的迎头打击，帕特尔率领自己的编队直扑4架菲亚特G50比斯型战机——这一当时属于世界上比较领先的战斗机，将其作为自己的目标。当帕特尔追上一架菲亚特G50比斯型战机时，该机却突然拉高，试图摆脱追逐，但最终，帕特尔还是利用"飓风"先进的性能将其套在瞄准具内，并利用自己的8挺7.62毫米机枪（虽然8挺，但机枪口径太小，所以在不列颠空战中对于全金属的德国飞机收效甚微，许多德国的Bf-109经常遍体鳞伤却全身而退，而到"飓风"ＭＫⅡ时则是4门20毫米机炮，当然了，其主要目标是地面的坦克，但如果对空开火，效果绝对壮观），一举将其击落，菲亚特G50比斯型战机凌空爆炸，化成碎片。帕特尔曾在自己的日记里面对这次战斗有详细的记载，因为这是其驾驶"飓风"35次胜利的第一次，在接下来的两个月里，其取得了35次的胜利（比起詹姆斯·约翰逊两年击落28架敌机又如何？当然了，这还要看对手的实力的，毕竟意大利

来自南非的英联邦头号王牌飞行员 | 摩根·托马斯·圣·约翰·帕特尔

> 这是帕特尔驾驶的后期型号的"格罗斯特格斗者",直到1941年换装"飓风"战斗机为止

> 帕特尔在希腊地区使用的战斗机,其编号和在埃及地区作战使用的编号不同

的战机和飞行员是菜了一些！）

虽然取得了开门红，但在接下来的2月27日或者28日的战斗中，当皇家空军第80中队的飞行员在庆祝他们在希腊地区获得的最大胜利时，却出现了关于击落成绩的最大的争执：在当天的关于胜利的报道中，皇家空军的副元帅、驻希腊皇家空军司令J·H·埃比亚卡曾经写道：装备"飓风"战斗机的第80中队曾在90分钟之内摧毁意大利27架战斗机，而自身没有任何损失！而又有其他报道认为第80中队损失了一架"格罗斯特格斗者"战机，而两架布伦海姆被意大利空军的CR-42S战机严重打击，当他们返回基地时，不得不选择迫降。而帕特尔更是宣称自己在3分钟之内干掉了意大利3架CR-42S战机（从两机的性能对比和帕特尔的技战术来说完全可以），但是那天，据意大利空军中尉科罗拉多·润慈回忆，他们仅仅损失了一架CR-42S战机……而意大利的飞行员在返回时则宣称击落了4架"格罗斯特格斗者"和一架"飓风"战斗机。而意大利另外的资料则显示当天，意大利空军损失了两架菲亚特CR-42S双翼战斗机和5架轰炸机以及两架菲亚特G50比斯。这显然是个疑问，但意大利方面的资料显然问题更多些！

更有一些资料指出，在这次战斗之前，在法罗拉南部地区的战斗中，帕特尔由于敌人轰炸机的射击，油箱被击中，从而导致挡风玻璃被油料覆盖，从而无法进行战斗而被迫返回基地，所以其在那次战斗中的成绩也有些可疑。当然了，这都属于事后的猜测！不管怎样，帕特尔的成绩依然是不断进步，所以当1941年3月18日时，其再次获得了一枚飞行十字勋章，这对于许多飞行员来说，则是更进一步的殊荣。

锦上添花的是，1941年3月，在阿尔巴尼亚南部小镇黑马睿，帕特尔居然收获了自己的爱情，并在那里订婚，我们都知道英国人生性死板，但到了南非会不会改变了呢？没过几天，帕特尔又击落了3架敌机，这个技术全面、勇敢而又充满智慧的空军中尉此时已经取得了至少23架的成绩。在自己的日机里，帕特尔写到他击落了意大利空军第24团的3架菲亚特G50比斯型战机。第一架，当帕特尔和他的2号机飞行时，中尉尼格·卡伦通过无线电报道有一架落单的G50比斯型战机正试图袭击自己，发现敌机的帕特尔一举击落了这架G50比斯型战机，并亲眼看着其盘旋坠落在黑马睿北部的山腰上，而此时，第二架G50比斯型战机却试图袭击卡伦的编号为V7288（帕特尔的"飓风"编号是V7724）的"飓风"战斗机，但是卡伦却没有看见，于是这个来自澳大利亚的王牌飞行员被击落，飞机坠毁。

而此时另外一架孤单的G50比斯型战机也试图袭击帕尔特，在日记中，帕特尔写到当他飞到阿尔巴尼亚南部港口城市瓦纳隆时，他发现了这架试图袭击的战机，经过战斗，他一举击落这架敌机。而当他要进入瓦纳隆港口西南部的外海时，他又一次遭遇了从瓦纳隆港口过来的G50比斯型战机，这架G50比斯型战机同样不幸运地被帕特尔击落，其喷着焰火在空中解体，最终坠落在港口外的海角！

被证实的战绩

之后不久，帕特尔终于脱离了一直服役的第80中队，升任皇家空军第33中队的指挥官，他担任这一职务直到4月份。而他第一次遇见德国空军的战机，则是在4月6日，帕特尔在飞跃鲁佩尔河时遭遇了德国空军第JG8中队的Bf-109战机，他击落了两架，德国空军的贝克尔中尉被击毙，而另一名中尉麦嘉华则做了俘虏。遗憾的是，此后关于帕特尔的作战细节都遭到了破坏，而有关他的作战记录的日机，则一直保留在他的一名地勤人员的手中，日记里面记载帕特尔在4月12日曾经取得了8架的胜利，并摧毁了地面的两架Bf-109S战机，而在14日，则有5架战绩，在19日则有6架战绩。

帕特尔宣称的14日的5架成绩似乎已经得到了证实：早上七点十分，他击落了一架Bf-109，而在八点四十三分和下午三点零四分，则各击落了一架Ju-88S型中型轰炸机。在十点零四分则击落了一架Bf-110，在十三点零八分则击落了一架意大利的萨菲亚-马谢蒂SM79型鹰式轰炸机。德国空军的第33中队在此战中的确损失了两架Ju-88S型轰炸机。遗憾的是，帕特尔的其他胜利已经无法被德国空军和意大利空军的航空记录所证实。而在4月19日的6架成绩当中，包括3架Ju-88S和3架Bf-109S，再加上和战友一起击落的一架Hs-126型战术侦察机/炮兵校射机和2架可能的击落，一架是Ju-88，一架是Bf-109，这些成绩当中，有一架Bf-109无法证实，有一架Ju-88无法

> 英国霍克"飓风"Mk.I式战斗机，一款曾在法国战役中遭殃，又在不列颠空战中发挥不错的战机，该型战机的初期型号火力很弱，只有8挺7.62毫米的机枪，而帕特尔击落德国先进的Bf-109等战机驾驶的就是该型号

证实，而一架Ju-88存疑，因为其有可能在雅典地区被帕特尔击落。

最后的战斗

在4月下旬，帕特尔得了流行性感冒，并且恶化到了极点，于是空军指挥官爱德华·琼斯命令帕特尔减少作战任务，只有当空袭警报拉响时才可以起飞去作战。但是，出于对自己中队的负责，帕特尔并没有有效地执行这一命令。1941年4月20日，此时的帕特尔仍然还有战斗疲劳症，他的流行性感冒依旧，而且发着39℃的高烧，却依然参与了作战任务。此战，有12架"飓风"战斗机一起作战，此时盟军的战机已经在整个希腊地区处于优势，而此次作战任务，旨在鼓舞希腊和雅典的反抗军的士气。但在雅典地区，这支"飓风"编队却遭到了"轴心国"战斗机的袭击，曾参与作战的飞行员罗尔德·达尔曾记述，此战有5架"飓风"被击落，其中一架就是帕特尔的座机：生病的帕特尔此时仍然充满对队友的爱护，当试图去营救他的队友时，帕特尔却遭到德国ZG第26中队的两架Bf-110S的射击，最终被击落在埃莱夫西斯湾。那里距离雅典只有5英里。根据资料，击落帕特尔的很可能是德国的中队长飞行员西奥多·瑞斯沃尔和萨波斯·巴格恩，他们的最高纪录分别是12架和14架。而巴格恩在5月14日，也就是该战斗结束不到1个月之内，被帕特尔的战友所击毙！但究竟是这两个德国飞行员中的哪个击落了帕特尔，却无法确定。而帕特尔要拯救的队员伍兹，绰号"闪开"的伍兹，是帕特尔的老队友，第80中队的王牌飞行员，其曾经取得6.5架的成绩，最终在此战中也被击落。

关于雅典空战的资料表明，帕特尔和伍兹的"飓风"战斗机很可能坠落在潘斯特兰岛东岸，该岛位于比雷埃夫斯港（希腊第一大港，欧洲前十的大港，在世界上也很靠前，也是苏格拉底和亚里士多德的儿子葛腊孔献祭海神的地方），而不是埃莱夫西斯湾。第33中队第一次遇见Bf-110S是在雅典郊外的卡利地亚地区，而德国战机追到了南部的凡艾绒湾，在那里，伍兹的燃油和弹药都已经差不多耗尽，于是他拐弯向西试图抵达埃莱夫西斯湾的基地，据报道他曾在这里和德国飞机交手，并被击落，而这里位于凡艾绒和比雷埃夫斯之间。

如今，帕特尔被位于阿拉曼的阿拉曼战争纪念馆所纪念，而在阿拉曼战

> 德国Ju-88可以被称为是战斗机、轰炸机、攻击机……二战中功能最全面的军用飞机之一，帕特尔曾有多架击落记录

争纪念馆的旁边，就是阿拉曼战争公墓，埋葬着参与这次战役的德国、意大利以及英联邦各国的军人。如果说阿拉曼战争公墓埋葬的是阿拉曼战役的各国亡灵，帕特尔和其他3000名英联邦的飞行员则只能在纪念馆被纪念，原因无他，没有人知道他们葬身何处！这牺牲的3000名飞行员都曾在中东地区活动，而范围大致包括埃及、利比亚、叙利亚、黎巴嫩、伊拉克、希腊以及克里特岛、爱琴海、埃塞俄比亚、厄立特里亚、索马里、苏丹、东非、亚丁以及马达加斯加。

他的成绩究竟是多少？

如果说二战中许多飞行员的成绩都无法核实，毕竟战争的目的不是为了造就英雄，而是为了打赢，但许多人的成绩都能在战后考察出个大致的差不多详尽的成绩！但帕特尔的成绩则是永远无法得知或者核实了！因为其最后战斗的成绩，永远无法得知，因为其正式的报告和皇家空军的战斗记录全部丢失在希腊和克里特岛！现在的公认的记录是1941年4月早期帕特尔宣称的34架成绩的列表以及其他的一些猜测，航空历史学家克里斯托弗·少瑞斯在他的书《英联邦王牌飞行员——经典王牌飞行员，由交叉的日机以及帕特尔的后勤人员（W·J·林格罗塞）的个人日记还有德国以及意大利空军的战机损失记录》一书中，宣称帕特尔的最终成绩是50架（15架是驾驶双翼战斗机取得的，35架是驾驶"飓风"战斗机取得的），还有两架共同击落！而亚当·托马斯的报告《"飓风"王牌飞行员1941-1945》关于帕特尔的成绩，则是57架。而官方承认的成绩，则很长一段时间内是23架。到了20世纪60年代，根据E·C·R·巴卡的调查报告，帕特尔的成绩被更正为40架！直到后来上面所说的成绩！

而英国官方之所以只承认23架的成绩，上面的丢失在希腊和克里特岛的资料就是理由！这显然更不客观，而且显得冷血没有人性！而如果只有23架，则成绩不但无法和詹姆斯·约翰逊相比，相比于许多英国王牌飞行员，其也只能被认为是成绩比较靠前而已！但是，最近的研究表明，帕特尔所宣称的50架成绩，已经有27架被德国和意大利的损失记录所证实，或者说相关记录对应起来，而6次的成绩则不能被"轴心国"的损失或者击落所证实，意思

> "莱赛德"联络机,英国研制的一款非常有特色的飞机,帕特尔曾经在为该机护航时和意大利空军大打出手

即帕特尔的成绩应该是在 27 至 44 之间,从而使得其成绩变成皇家空军飞行员的最高的双翼机战绩获得者,最高的"飓风"战机成绩获得者,而且还是皇家空军的最高纪录获得者,尤其难能可贵的是,即使是在他发高烧作战的最后 4 天,他仍然获得了 9 架的成绩。

罗尔德·达尔,曾经跟随帕特尔在希腊地区作战,在他的第二本自传《一个独来独往的人》中仍然多次提到帕特尔,声称他是第二次世界大战中最大的王牌!而皇家空军元帅皮特·维克汉姆爵士则这样回忆帕特尔:"帕特(昵称)是个天才,有些飞行员之所以没能持续取得成绩,是因为他们的座机实在太好了(所以反而缺乏了动力),其他的没有成功则是因为他们不熟悉自己的座机,或者说他们经常把自己的座机搞个半死,他们的胜利总是伴随着发动机的破裂,线路的短路以及机翼的破损。但帕特尔不是,尽管他总是驾驶落后的飞机,但由于他熟悉座机,他总是能把自己座机的性能发挥到最大,这是其他人根本无法超越的!"

不管是哪样,这些记录或者资料或者回忆都只为了证明一点,那便是帕特尔不但是最优秀的王牌飞行员,而且是皇家空军的第一王牌飞行员!当然也是英联邦的第一王牌飞行员!

但是,为何其声名不彰?这是另外一个值得深思的问题!帕特尔之所以声名不彰，没有引起英国官方的重视进而没有获得世人的重视，无非如下几点原因：第一，其参与的战斗，不是发生在中东，就是在巴尔干半岛，那里不但处地偏远，而且几乎都是孤立的战场，所以缺乏报道，假如帕特尔参与的是不列颠空战以及在西欧的战斗，其遭遇的肯定不是这种境遇！第二，则是由于在帕特尔去世不久英国空军在希腊的疏散和撤退——英国在地中海进入最难熬的阶段了——所以资料丢失，很难为帕特尔的具体成绩做出官方的承认！第三点，则是英国官方的死板，而这种死板也许有最深层次的原因，那便是，帕特尔尽管是英国的移民，但是其毕竟不是英国人，尤其是当南非独立后，其成绩自然更难引起英国政府的注意！第四点，则是帕特尔虽然牺牲得十分英勇，但却因为在1941年就已经去世，所以本身就缺乏广告效应，二战许多王牌飞行员活着本身就是一种广告效应，因为借助于自己过去辉煌的成绩，其不但能获得声名，而这种声名反过来又能促使其成绩被传播得更广！前面讲述的多个王牌飞行员就是最好的例子！

但是，除了如上这些，有一点我们更加无法忽视，那便是如果帕特尔不是一个极具正义感、极为重视友谊的人，其能在短短的9个月当中，就获得如此伟大的成绩，那么如果其稍微放弃一点，相信其成绩就能更加巨大！毕竟其一直驾驶的都是二流的装备，但成绩却是一流的！但是那样，帕特尔还是帕特尔吗？

> 阿拉曼战役纪念馆以及阿拉曼公墓，那里埋葬了各国的战死者，但是帕特尔却只能在纪念馆中被纪念，因为飞行员最好的战死方式，就是不知踪迹吧

> 比雷埃夫斯港如今非常宁静，谁知道，1941年，英联邦最厉害的飞行员曾在这里战斗，并在附近陨落

扬基们，战斗吧

07 40面膏药旗——记二战美国头号王牌飞行员理查德·邦

道格拉斯·麦克阿瑟（二战美国远东军司令）说道：理查德·邦，一个在新几内亚至菲律宾之间主宰了整个天空的人。

乔治·肯尼（二战期间远东盟军空军司令，战后曾任美国战略空军司令）说道：我们不仅喜欢他（理查德·邦），我们也为他感到自豪，为他骄傲。当我听到他的死讯时，他的每一个成绩都历历在目，邦少校——战争之中美国王牌的王牌，将注定永远保持他的纪录！

> 理查德·邦，这张堪称邦的标准照，娃娃脸，有些坏小子的感觉

1945年8月6日，美国在广岛投下"小男孩"原子弹的同一天，一名驾驶美国新式P-80"流星"喷气式战斗机的飞行员在进行试飞时，由于发动机故障而逝世。虽然飞机出事坠毁之前飞行员已跳伞，很可惜伞衣未能打开，这一天，距离他25岁的生日还有95天。试飞员失事原本是很平常的，但他死后，美国举国悲痛，一座机场被以他的名字命名，他的家乡建立了一座纪念馆，因为他的经历实在不平凡，他就是曾让日本空军闻之色变的美国二战头号王牌飞行员——理查德·邦（Richard Bong），在太平洋战场，他先后击落40架日军战机，如果不是离开战场较早，也许他的战绩是100甚至更多，但很可惜，他却死于一次极其平凡的例行试飞，他死后9天，日本宣告无条件投降。理查德·邦曾获得过无数的勋章，比如：荣誉勋章（美国授予本国杰出人士以及国外元首的最高级别的勋章）、著名服务十字勋章、二战胜利勋章、澳大利亚飞行十字勋章，菲律宾解放勋章……

什么是王牌飞行员

和其他国家的飞行员，比如二战中德国所谓的王牌飞行员埃里希·哈特曼（共击落敌机352架）、格哈德·巴克雷霍恩（共击落301架）不太一样，在许多人的印象中，二战中美国飞行员的战绩似乎不够显赫，威名也不够响亮，甚至不如苏联的头号王牌伊万·阔日杜步（共击落62架），名头最大的美国头号王牌理查德·邦，也不过击落了40架敌机，比起如上几位，显然差了点，但这些评价显然忽略了几个关键因素：

第一，什么是王牌？"王牌飞行员"这个称誉最早出现在第一次世界大战初期。首位荣膺这一称号的是法国飞行员阿道夫·佩古德，他于1915年阵亡，在最后的那次战斗中，他连续击落了敌人数架战机。佩古德阵亡当天，法国报纸在哀悼他时就称他为"我们的王牌飞行员"。可以说，从一战时起，成为一名王牌飞行员的条件是至少击落5架敌机。对一个空军飞行员来说，取得这种称号的价值决不亚于一枚高级荣誉勋章。从这一点来看，理查德·邦显然无愧于王牌飞行员这个称呼，但为何名气不如前者大，显然出在数量的差距上，于是这又扯出第二个问题？

第二，计算方法或者说击落数字的真实性问题。一般而言，即使有照相枪辅证，击落数字大多都是单方面的说法（因为击落数字也是一种对己方军心士气的鼓舞）。事实上，由于没有敌方确认，可信度并不高，同时还存在如下几种情况：击伤而不是击落，但许多飞行员往往以为自己击落了，这种事例似乎伴随空战的始终；是主机与僚机协同击落的，对于这些问题，不同国家有不同的计算方法，比如德国采用将共同击落的飞机归入某一个飞行员的做法，法国则是共同击落的为所有飞行员共享，中美英则采用分数记录法，日本苏联采用将单独击落和共同击落分开的做法，所以德国所谓的王牌飞行员记录往往高得惊人，当然"战果"水分也最大。

第三，什么是王牌中的王牌？理查德·邦虽然仅仅击落了40架，但其参战经历大致开始于1942年12月，结束于1944年12月。两年时间，其共参加200多次作战任务，平均几乎每月两架，而哈特曼总共完成战斗飞行多达1425次，其于1942年11月击落第一架，最后一次参与战斗是1945年5月8日，比理查德·邦多了近6个月，作战次数也是理查德·邦的7倍还多，击落敌机的机会自然较多。同时，还有如下因素不能忽视，那就是德军的战斗机一直先进当时的美、苏等国，这自然为创造胜利打下了很好的基础，而美国在相当长的一段时间里，其最先进战机在太平洋战场居然不是日本"零式"等战斗机的对手，直到1942年年底这一情况才有所转变。显然不利于美国飞行员创造击落敌机数量的奇迹。还不能忽视的是，二战前德国十分重视飞行员的训练，其飞行员都完成过450小时以上的飞行训练，通常年轻飞行员不马上参加空战，只开着飞机在旁边观察以掌握作战方法，例如，哈特曼在前100次前线飞行中，没有同苏联飞行员进行过任何空中较量，而是只研究对方的战术和习惯，在关键时刻宁可驾机逃走。显然，德军所谓的王牌形成具备了各种主观的以及客观的条件。而其他国家的王牌来得却颇为不易，仅从客观条件上就不如德军，击落战机数量少点也无可厚非。

综合如上三点，虽然理查德·邦的战绩只有40架，但也无愧于美国二战中最伟大的王牌飞行员这个称号，在世界范围内也是佼佼者。

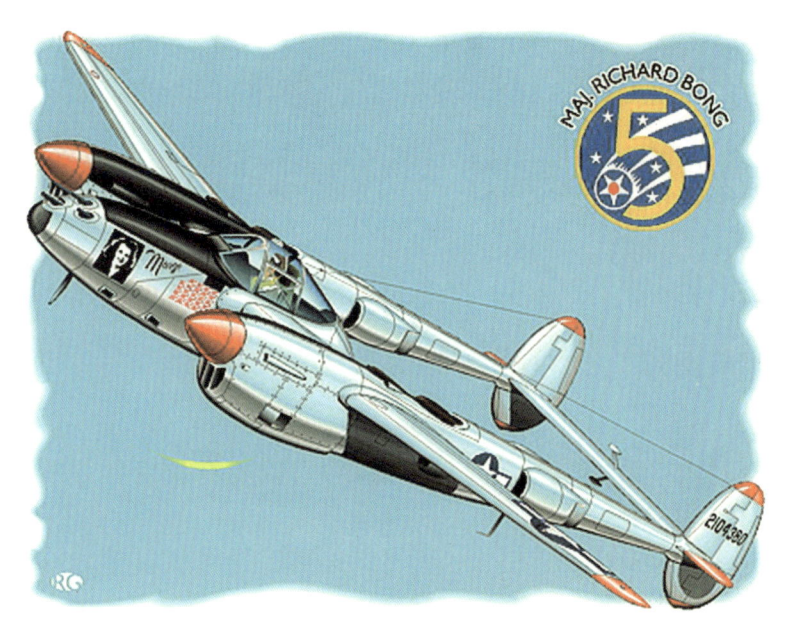

> 邦座机的卡通图片，上面能看到机头爱妻的照片

源于一封信的航空爱好

如上陈述了王牌飞行员的获得条件，但每个飞行员都有自己的成长过程，甚至加入空军的机缘，都是促使其成为王牌的条件之一。

理查德·邦 1920 年出生于威斯康星州的圣玛丽，是家中的长子，父亲是瑞士移民。和许多投身航空的名人一样，理查德·邦 8 岁便对航空着迷，这颇有机缘：他写给总统的信是被空运到白宫的，当飞机从这个 8 岁孩子的头顶飞过时，那种震撼止不住使他对航空产生了一辈子的热恋，当然，当时的理查德·邦不可能成为一名飞行员，而是积极得投身于航模的制造和比赛等活动，如果不是战争的原因，也许他很难成为空军的一员，然而，机遇便是如此要造就一个伟大的飞行员。1938 年高中毕业的理查德·邦考入了一所师

> 在驾驶舱中的邦

范学院，但由于此时欧战已经爆发（1938年德国入侵捷克），美国也开始加紧备战，理查德·邦于是立刻响应国家号召加入了飞行训练，但这种训练只是普通的飞行训练，于是他很快获得了私人飞行执照。

1941年，也就是美国在太平洋上形势越来越危急的时候，理查德·邦放弃学业，志愿加入美国空军，5月28日正式服役于威斯康星州的沃萨，后又被送往加里福尼亚的朗金航空学院，开始只在老式双翼机上训练(二战中除了意大利曾使用双翼机作战以外，在别的国家早已退出了战场)，后又转到亚里桑那州的鲁克基地参加高级的单翼课程（第二次世界大战前夕，美国陆军仍处于非常弱小的状态，全军仅20万人左右，陆军航空队更是少得可怜，仅2.6万人，最主要的是陆军航空队的装备很差，这种状况直到1941年才有所改善，理查德·邦参军的时候正好是美国陆军航空队大力扩充的时候，到1942年6月前，陆军航空兵团作战大队的作战飞机达到7800架，官兵40万人）。

"坏小子"的来历

理查德·邦天生似乎就是飞行员的料，他的射击教练巴理·高德沃特对邦很赏识，他曾说："我教他武器射击，他是一个突出的学生，但最重要的是一个 P-38 检测飞行员说：他是他遇到的最天才的空中飞行员，他无法摆脱在训练时邦的尾追。"——在当时一旦被对方从后咬住，往往就意味着已经被击落（但据理查德·邦的回忆，他的射击技术是整个航空队里面最差的一个——这多半是自谦之词，但可以肯定的是，正如他所说，他善于分析作战环境，知道什么时候开火最合适，更重要的是，他很冷静，能随机应变，所以他的空战命中率是惊人的 91%）。

邦成功完成了训练，4 个月后他被派往哈米尔顿基地接收 P-38 "闪电"型战斗机，由于表现突出，在那里他受到了乔治·肯尼将军的赏识，这直接促成了后来他在太平洋上的建功立业，因为乔治·肯尼将军后来正是太平洋

> 漫画空战中的 P-38，双机身的样子十分漂亮

上美国空军的最高代表——远东盟军空军司令，当时也是第五航空队的指挥官，而正是肯尼将军将邦选进了自己的队伍。

在换装 P-38 训练飞行快结束的时候，纯粹出于玩的心理，理查德·邦擅自驾驶一架 P-38 在旧金山市上空大肆表演，正是这一事件使得他赢得了"坏小子"的名声：他首先从高空一头扎向水面，从旧金山的象征性建筑"金门大桥"下的桥墩间钻过，惊得旁观者目瞪口呆。然后他又飞回闹市区，在大街上空骚扰行人，途中居然挂断一位妇女的晾衣绳，最后他又放肆地飞到陆军航空队的司令部，在上司的眼皮子底下明目张胆地绕着办公楼转圈，吃惊的女职员挤在窗户前向外观看，他居然还向她们致以飞吻。最终这一事件虽然招致了肯尼将军的激烈批评，但鉴于他一贯的优异表现以及此次飞行中的"水平"：在"金门大桥"下精彩表演显然不是能随随便便完成的，居然没有受到惩罚，而且不久他随乔治·肯尼将军的第五航空队驻扎到西南太平洋，开始了自己在太平洋上和日机的追逐。

迅速走红的"迪克"

当时，乔治·肯尼将军选择了 50 名哈米尔顿基地的 P-38 飞行员（P-38 是当时美国最先进的飞机之一，该飞机最大的特点便是双机体，在 P-38 之前，美军的 F-4F 和 F-2A 只有挨打的份，甚至任何一个指挥官在命令 F-4F 和 F-2A 起飞迎战"零式"时都已经将飞行员的名字勾掉。而随着 P-38 的大量装备，太平洋上美国空中劣势的局面也很快转折，二战中美国的两大空中王牌的座驾均是 P-38，而恶名昭著的山本五十六也是被 P-38 击落的）驻扎澳大利亚，邦首先被分配到第九战斗机大队，驻扎澳大利亚的博瑞斯巴纳，不久他又被送往新几内亚的莫瑞斯比港，暂属第 39 团第五战斗机大队，在那里度过了两个月平安无事的空中巡逻，之后邦正式加入了激烈的太平洋前线，圣诞节后的第二天他和第五战斗机大队一起出击，在此次战斗中获得了他的第一次胜利：击落了一架"隼"式战斗机（编号 KI-43，许多人往往将其和大名鼎鼎的"零式"混淆，因为两型飞机很相像）和一架 VAL 水上战斗机，乔治·肯尼将军大喜过望，预言这个年轻的中尉将成为美国在太平洋的顶尖王牌飞行员，

> 这张留念的照片很有意思，邦专注地看着座机左侧贴着的爱妻的照片，可惜邦去世过早，不然他们的爱情还会给美国新闻带来更多的故事

肯尼将军预计的没错，随后的十天之内理查德·邦再次击落3架日机，于是到1943年1月，参战仅仅3个月后，他便成了美国的空战王牌飞行员，是同期参战飞行员中的第一个王牌，连日军也得知有个叫迪克的美军飞行员十分了得（邦小名"迪克"，由于邦的战绩太突出，日本人也恼羞成怒）。

1943年4月14日，日军发起了南太平洋战役，日军从拉包尔南下，派出俯冲轰炸机和水平轰炸机在92架战斗机护航下攻击美国舰队，日军当时顺便还要执行一个任务，那就是解决"迪克问题"，但"迪克问题"不但没被解决，还在此次空战中再次击落了一架轰炸机，从而使他的战绩增加到10架，很快成为美军的双料王牌飞行员（美军航空部队规定：击落5架敌机的叫王牌飞行员，击落10架的就叫双料王牌了，即王牌的两倍）并因此获得空军奖章。

打破美国一战纪录

好运气不可能一直持续，1943 年 7 月 28 日，在为轰炸机护航中美日空军之间发生了激烈的空战，邦的飞机被击落了，但他成功跳伞返回（邦曾多次成功跳伞，均脱离危险，但却在国内最安全的一次空中飞行中出事，让人感觉颇为离奇）。这期间日军在新几内亚逐渐失去了军事的优势（事实上从 1943 年 3 月开始，美军就已经开始了太平洋上的反击，日本空军的日子逐步难过起来），空战不像其他地区激烈，邦的战绩也未像其他地区的王牌那样一次出击就能击落数架甚至更多，但他的战绩仍在缓慢而稳步上升，1943 年 7 月 26 日，在一次空战中他击落了 4 架敌机而获得了著名的服务十字勋章。

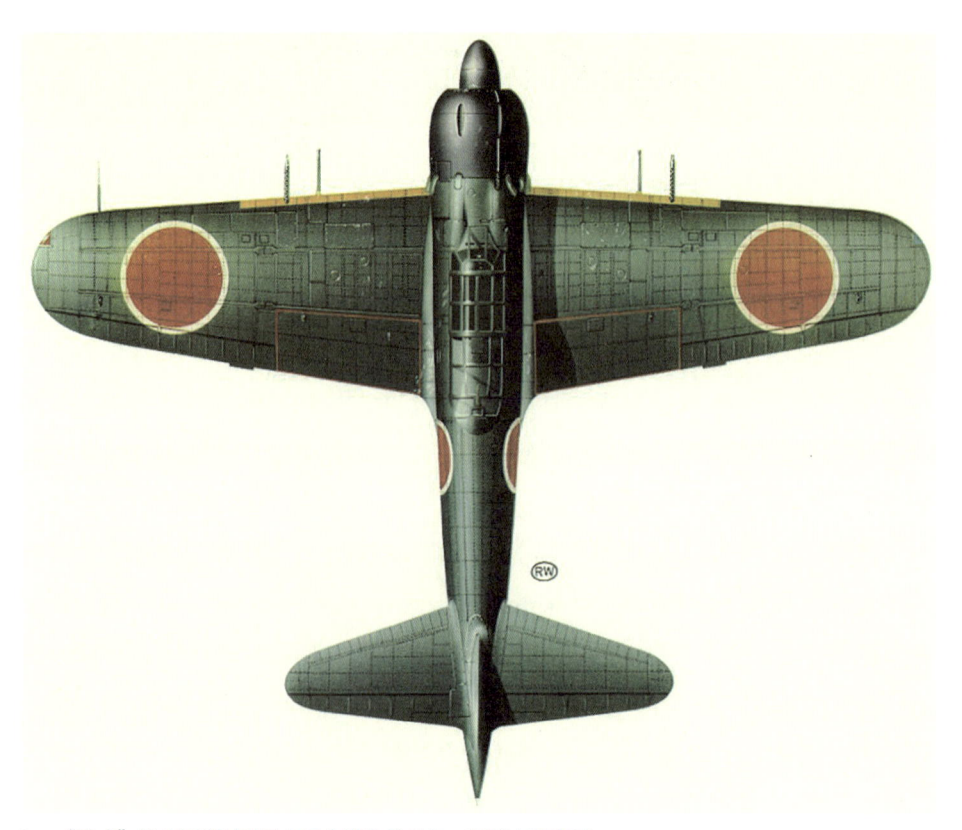

> "零式"战斗机当时世界上最先进的战斗机，邦曾击落多架

到 1943 年 11 月时，他完成第一阶段的战斗任务，他已经获得击落 21 架日机和 5 架未确定的战绩，而这些只是他在短短的 158 次空战中获得的（哈特曼的前 100 次前线飞行居然是用来学习，两者差距太大），他当时成为第五航空队的"头号杀手"。鉴于优异的表现，他被获准回国休假并向华盛顿阿诺德上将（美国当时的陆军航空部队司令，被称为美国现代空军之父，如果没有他，美国二战中的空军将会是一团糟，甚至有可能无法参加欧战，因为正是阿诺德上将一直坚定不移的要求发展空军才换来国会的经费支持，发展出了许多重点型号，其中包括邦座机的型号 P-38，也正是他促使美国空军成为独立的军种）汇报，这期间他在酒会认识了一位漂亮的小姐玛姬，一个是时下英雄，一个是妙龄美女，两人一见钟情，疯狂热恋并很快订婚。返回部队后，性情中人的"坏小子"立即将恋人的大幅肖像贴在自己座机的左侧机头，在小姐头像后面就是击落敌机数目的众多太阳旗击落标记，于是，他的座机被称作"玛姬—洛克希德闪电战斗机"（P-38 绰号"闪电"，是洛克希德公司生产的）。不光是他的战友们争睹玛姬小姐的芳容，媒体也大肆炒作。为此，邦格不得不写信给未婚妻，就自己狂热的行为给她带来的影响而道歉，但这并没有影响两人的爱情，几个月之后他们在家乡举行了盛大的婚礼，有 1200 位来宾参加。婚礼被录音并在芝加哥电台进行广播，无数记者前往采访。

返回部队后，他被派遣辅助第 5 战斗机大队指挥汤姆·林奇，肯尼将军命令他和林奇可以随意升空作战，这样邦被完全放开了手脚（他的战绩有将近一半是在自由会战中获得的），他和指挥林奇经常双机出击，成为美军空中在太平洋战场最豪华的王牌组合。但 1944 年 3 月 8 日，邦遭遇他最惊险的空中作战，他俩由于在空中没有发现敌人的飞机，居然射击海滩上的敌军舰船，但林奇——当时已有 20 个战绩的王牌却被高射炮击落，悲伤的邦选择了为他的战友复仇——一个月后，邦又让 3 架日军的"零式"战机拖着黑烟坠入海底。此时，他的战绩已经达到了惊人的 27 架，从而打破了埃迪·瑞肯巴克在一战中创下的 26 架飞机的美国空战王牌最高战绩，随之他被提升为少校并成为美国家喻户晓的英雄人物，肯尼将军送来了一箱香槟酒表示慰问，甚至连陆航司令阿诺德上将都奉上了一箱可口可乐和热情洋溢的祝贺信。

> 邦和爱妻一起在自己的驾驶舱内

> 邦和爱妻在座机旁的合影,这大概是新婚后的照片

如果没有离开战场

1944年5月3日,邦又再次被召回国,这次他在五角大楼作了报告,并参观了议会与议员们共进午餐,还在一些基地访问和讲演。9月10日,邦再次回到西南太平洋战场,向已是远东空军司令的肯尼将军报到,但这次他的任务不是上场厮杀,而是被任命为空军基地的射击教练,并禁止飞行——当时太平洋战局已日趋明朗,美国不愿在胜利的前夜再损失这些优秀的人才。虽然邦一再申请回到战场,上级显然不会同意,不甘于此的邦居然偷偷地回到了太平洋战场,10月10日美军攻击巴理克佩番的炼油厂,日军损失了61架飞机,邦在战役中也击落了两架战斗机,使他的战绩增加到30架,为此肯尼将军亲自到机场迎接邦,最终肯尼将军妥协,同意邦正式回到战场。

1944年10月17日,美军在莱特湾登陆,麦克阿瑟实现了他回到菲律宾的诺言,第5航空队进驻他科班和达兰格军用机场,10月27日,第9战斗机分遣队进场,麦克阿瑟和肯尼亲自迎接,邦格利用这个机会请战并得到允许,当天下午四架敌机来袭,邦格当即击落一架,第二天上午他在莱特湾又击落两架。

1944年11月15日肯尼将军在邦获得第36个战绩后向上级推荐他荣誉勋章,1944年12月12日,邦成为了美国历史上最杰出的空战王牌飞行员,麦

克阿瑟司令亲自为他举行了一个授勋仪式，并称赞"理查德·邦，一个在新几内亚至菲律宾之间主宰了整个天空的人。"获得勋章后的第三天，邦少校获得了他的第 40 个战绩，书写了美国空军最辉煌的一笔。

12 月 29 日午夜，肯尼将军再次下达了邦回国的命令，他给了邦 6 听可乐以及一份转交阿诺德上将的信，并对他说："再见，迪克，希望不久以后能见到你，向你父母问好！"但肯尼将军没想到这是他与这位爱将的决别，时隔八个月后，就发生了本文开头的那一幕。如果没有离开战场，这 8 个月时间，也许他将会创造出更多的辉煌，然而，命运就是如此神奇。

注定是个美国奇迹

二战中，美国陆航、海航和海军陆战队航空兵共产生 1300 余名王牌飞行员。当时 10 万名参战飞行员的 1%。而王牌们创立的战绩却占了三军总战绩的 30%～40%。美国陆航王牌中击落至少 15 架者有 48 名，但无人能超越理查德·邦的成绩。此后，包括朝鲜战争、越战、伊拉克战争等也是如此，正如他的老上级肯尼将军所说，理查德·邦的成绩注定要成为美国的奇迹。

> 邦和麦克阿瑟以及肯尼将军在一起的照片

08 他曾被谁击落？
美国两战王牌飞行员加布里埃尔

提起美国二战中的王牌飞行员，有一个人不得不说，提起朝鲜战争中的美国王牌飞行员，有一个人也不得不说，而提起美国的波兰裔王牌飞行员，这个人还是不得不说，这个人就是美国王牌飞行员——加布里埃尔。

> 加布里埃尔（其战机上的纳粹标识代表着击落敌机的数量）

加布里埃尔其人

弗朗西斯·斯坦利·加布里埃尔于1919年,也就是一战刚刚结束的时候,出生于美国宾夕法尼亚州的一个波兰移民家庭。而正是他的血缘,使得他在二战中有了一段迥异于其他美国王牌飞行员的功勋。

加布里埃尔的少年时期和其他美国少年一样,缺乏壮举,就是平静的成长,唯一值得书写一笔的,大概就是他觉得自己的名字太过于麻烦——同样都是斯拉夫语系的波兰语名字,在美国自然显得有些绕口,于是他改名字为"加比",他的家人也认为该如此,于是这成了他余生一直的昵称。

1938年,加布里埃尔高中毕业,和其他的孩子一样,他也面临着抉择,最终,他考取了一所医学院,如果没有意外,他原本该成为一名医生的。但1940年的世界,显然已经充满了战争的硝烟味,在欧洲,法国已经战败,捷克、波兰、荷兰、比利时、丹麦等国家,更是早早都被德国纳到翼下,而英国,也在面对德国海狮计划的打击。所以,尚未毕业的加比选择了和朋友们一起投笔从戎,申请加入陆军航空队,通过体检后,很快便投入飞行训练(由于二战前的世界性经济萧条导致的营养不良,美国的适龄青年,居然有大约40%身体不适和服役),于1940年7月被送往东圣路易斯公园航空学院的培训基地。

不过王牌飞行员的初次训练并不顺利,在驾驶古董级别的飞机时出现意外发生事故,还好没有受伤。不久他就驾驶当时很先进的AT-6教练机进行基本的飞行训练,并于6个月后毕业,然后正式加入美国陆航,开始了自己的空中之旅。

遭遇珍珠港事件的加比

看过美国大片《珍珠港》的朋友肯定很了解,在珍珠港偷袭中,日本调动了一切因素来达成突然性,所以,美国的抵抗很微弱,对日本造成的损失很小,尽管许多美国士兵进行了激烈的对抗,比如影片中的那些美国水兵操纵机枪和敌人飞机对射的镜头给人很强的震撼,而这显然不是虚构的,同样,而影片中美国飞行员起飞后和敌机空中格斗的场面,显然也不是虚构的,因为本文的主人公就有同样的经历：

飞行训练结束后，加比就被派往夏威夷的美军基地，学习驾驶波音生产的P-26以及柯蒂斯公司生产的P-36S，刚开始，他并不能很好地适应这种生活，差不多半年以后，加比中尉（此时已经晋升中尉，看来陆航就是比陆军士兵晋升得快）才能很适应这里的生活，并且已经不再是一个空中菜鸟（仅仅不是菜鸟，高手可是谈不上的）。但很快，这种习惯的生活就彻底和他绝缘了——1941年12月7日，日本飞机开始在瓦胡岛上轰鸣，一团忙乱的美军各自抵抗，加比中尉也帮助同行把飞机从停机坪推向跑道，终于有一架P-36起飞了，不久，加比的战机也起飞了，很不幸的是，敌人不可能在空中等待加比，此时的轰炸已经结束，尽管他很渴望战斗。后来，加比曾在回忆录中写道："战争是对的，我随时准备战斗，这是我生命的一部分。我理所当然的认为，我们越来越适应战争，或许我会击落敌机，或许我会被击落。但无论如何，我的最主要的事情，就是攻击敌人。"。

> 加布里埃尔也亲身经历了珍珠港事件，只不过那时其还没来得及参战，图为被轰炸的珍珠港

和祖国的飞行员一起战斗

在夏威夷的经历丰富了加比，而此后，由于珍珠港的被袭击，美国已然宣布对日开战，这也是美国版二战的开始（二战的开始时间有太多的版本，欧洲许多国家是以1939年9月1日德国进攻波兰开始，亚洲许多国家，比如中国、韩国等往往以1937年7月7日卢沟桥事变开始，非洲许多国家认为是1934年12月5日意大利入侵埃塞俄比亚开始，而苏联许多国家则认为是1941年6月22日德国突然袭击苏联，幸好结束的时间都是1945年9月2日，当时日本在美国战舰"密苏里"号上面和美、中、英、苏等国家签署无条件投降书），而在开始之前，主人公加比就强烈地感受到了德国对波兰的蹂躏，后来波兰的流亡政府逃到了英伦三岛，部分飞行员也跑到了这里，再加上捷克、法国等国家流亡飞行员，整个组成了一国际纵队。日本袭击珍珠港后，根据英美的协议（大西洋协议事实上在珍珠港事变之前就已经达成），美国陆航开始在英国设立轰炸机指挥部，美国飞行员逐步进入英国，而事实上，美国陆航大规模加入战团，是在1943年。此时的加比觉得自己能发挥自己的作用，自己既是飞行员，又会波兰语，所以可以协助在英国抵抗的波兰飞行员，同时可以学习积累波兰空军抵抗德国的经验（二战中的波兰飞行员、捷克飞行员等，在亡国后却创造了震惊世人的战绩），于是加比的请求被逐级上报，最终，1942年10月，五角大楼也认为这是个好主意，于是被任命为上尉的加比被分到了美国第八航空队，该部队是第一支被指定从英国起飞与德国进行空战的美国空中力量。随即，12月，加比加入了流亡波兰人组成的英国皇家空军"喷火"战斗机中队，即第315中队。跟随着母国的飞行员，尤其是中队长塔德乌什玛，加比学习到了许多在战场上的经验，塔德乌什玛经常制造机会让加比跟在自己身后学习最先进的空战技术，尤其是驾驶"喷火"的经验，那时候，"喷火"是欧洲战场最先进的战斗机，而美国参加欧战初期，居然还采用落后的没有战斗机掩护的白日轰炸技术，所以总是被德国人狠揍。相对而言，加比太幸运了。因为他积累了许多经验，比如，永远对从太阳方面来的敌人保持警觉等。

由于是只菜鸟——相对于那些在欧洲战场已经战斗了3年的波兰飞行员

而言，尽管加比有过 20 多次出动，但却没有任何战果，事实上，引用加比的话说，他已经很幸运了，在和欧洲最强的敌手较量时，他这样一位新人居然没有被打死。不过，加比对祖国和母国的爱国之心，却是永远值得称道的。

创造欧洲的王牌

1943 年 2 月，学习了几个月先进经验的加比回到了美国陆航，并担任第 61 战斗机中队的中队长，因为这次经验，他被授予华尔莱波兰十字架勋章。此时，他是美国最有经验的飞行员之一，终于，雄鹰可以展翅翱翔来创造属于自己的辉煌了。此时，加比的座机是 P-47，该机于 1942 年末被交付部队使用，1943 年年初投入到欧洲战场，美国共和飞机公司生产的 P-47"雷电"相对于"飓风""喷火"等战机来说，实在是五大三粗，所以该机被交付以后，被许多人所不喜欢，甚至有飞行员拒绝使用。但是，路遥知马力，飞行员们不久就发现了该机的优点：发动机动力强劲、火力猛、带装甲、生存能力极强，只要不是要害部位被击中，挨上几十发子弹几乎可以忽视。虽然机动性不如

> P-47 曾经是美国产量最大的战斗机

德国的 Bf-109 等战斗机，但俯冲性好，在空战中一旦占据有利高度，对敌人的俯冲攻击很容易得手，颇类似于后来朝鲜战场上的米格 -15 战机。所以，战绩不断被刷新。由此，P-47 开始变成抢手货，受到美国空军的欢迎，订单也源源不断地汇向共和飞机公司，P-47 源源不断的飞向欧洲和太平洋战场。

当时 P-47 主要是作为护航战斗机，为"兰开斯特"轰炸机护航，最初战术呆板，等待敌人进攻，损失惨重。但两个月过后，局势出现变化，这时 P-47 开始为 B-17、B-24 导航，此时的飞行员采取在轰炸机高处护航的策略，一旦发现德国飞机靠近轰炸机，立即采取俯冲轰炸的战术，迅速将敌机摧毁。

加比最初很有进取精神，但却很少取得战绩，原因很简单，他需要将自己学习到的技术加以消化，同时等待合适的机会，为此，他居然又在训练中受伤，不得不在医院躺了 3 个月，他全身多处受伤，手指头甚至差点接不上，因为肌腱都断了。同时也在和自己手底下那些没有任何作战经验的菜鸟们进行磨合，原因很简单，加比是个另类，他没有和这些家伙一起在美国进行过训练，而这个团队居然也是一个排外的团队。但加比的进取精神显然最终让他们折服。当然，还有一点更无法忽视，那便是加比的战绩。

不过刚开始的那半年的确是灰暗的，尤其是 1943 年 8 月 17 日，这一天被称为黑色星期二，加比护航的轰炸机部队损失了 60 架战机。终于，7 天之后，1943 年 8 月 24 日，加比在法国上空击落了一架产自荷兰的 Fw-190，首开纪录。

事后，加比曾这样描述他的感受："那天晚上（击落敌机后），我做了思想斗争，我肯定，我杀了一个人。但我并不后悔，这并不是说我特别想去杀死人，而是，这就是战争。3 年以来，我一直在为此做着准备，从思想上和身体上。今天我击落了一架敌机，我甚至不知道里面的人长什么样子，也不知道他的名字。"此后，摸索出经验的加比创造出贴身攻击法，居然是给飞机减重以保证 P-47 的盘旋性能，为此，加比只带规定弹药数的一半升空作战，逼近到极近的距离才短连射攻击敌机。当然了，这也是十分冒险的，如 1943 年 11 月 26 日，他近距离攻击一架 Bf-110，敌机被击毁后的大块破片居然碰坏了他座机的风挡，几乎撞坏了整块右机翼。加比就这样飞回了基地，这创造了一项纪录。令人觉得不可思议的是，他几乎以拼命三郎的精神，爬上备份机，接着又打下了第二架 Bf-110。确认胜利后，他被授予杰出服务十字勋章，

空战英豪：王牌飞行员的天空

> 在战斗中组成的编队

> 机翼上的 4 挺 12.7 毫米机枪以及翼下的武器挂架

> "野马"战斗机。加布里埃尔在二战后期也曾驾驶该机

以表彰他的杰出贡献。

此后,由于P-47安装了更大容量的油箱,所以搜索战斗半径更大,而不是刚开始给B-17等轰炸机护航时只能护航到法国、荷兰和比利时境内,而无法到达德国,剩下的航程,这些轰炸机只能独自作战,可想而知,这几乎是德国单方面的屠杀。1944年,美国空军开始改变僵死的战术,允许战斗机离开轰炸机自行展开攻击,尽可能地寻找敌人,并将他们消灭——这样也就没有能攻击轰炸机的敌机了。从另一个层面来讲,这也反映了战争局势发生了根本性的变化。1944年2月,加比击落了他的第三架敌机。到7月时,加比已经成为当时美国在欧洲最顶尖的王牌飞行员。此时,他已经击落了28架敌机,包括12架Fw-190、9架Bf-109、4架Bf-110、3架Bf-410,而这仅仅是半年的时间。

空战英豪：王牌飞行员的天空

> 加比还拥有驾驶"喷火"的经验，这在美国飞行员中，也是不多的

第一次被击落

加比创造了美国飞行员的神话，位列美国陆航王牌飞行员第三位。在创造 28 架成绩之前，加比几乎没有一刻休息。正如他所说：这是我在战争中的义务，这是环境决定了的，但是，我并没有很好地适应它。对比加比的成绩，正如斯皮尔伯格战争大片《太平洋战争》中的主人公约翰·巴斯隆一样，一旦成为英雄，就有可能被派回国宣传战争债券。加比也曾有这样的机会，他被定于 7 月下旬回国。他将乘坐 C-54 返回国家。但之前，他接受了一次为 B-24 护航的使命，这也是上级确定他返回祖国的最后一次使命。正是这次使命，他没能实现如同约翰·巴斯隆那样的梦想。

这次护航任务很顺利，在寻找战机时，事故却发生了：加比中校在德国科布伦茨发现一个机场，于是他几乎飞到了树梢的高度，为的只是消灭德国人的 He-111 战机。飞行高度是如此之低，以至于螺旋桨撞到了地面工事，随之发动机发生了严重的震颤，挡风玻璃也被汽油所遮挡，他被迫降落在一片农场土地上。很幸运，加比居然没有受伤，为了避免成为数百英里内德国警察和党卫军的目标，他跑进了树林，并在未来的 5 天内到处躲避以逃脱追踪搜索。5 天之后，也就是 7 月 25 日，他还是被一名德国警察发现，随即被送往战俘营，迎接他的德国情报人员，汉斯·施弗卡居然和蔼可亲地问候他："Hello Gabby! We have been waiting for you for a long time！"（你好，加比，我们已经等你很久了）没办法，加比的名气太大了，他对于德国人来说，简直是如获至宝，因为纳粹的宣传机关可以大肆宣扬，好为垂死的德国战争机器增加动力，对于德国人来说，没有什么比名气如此之大的加比更能调动他们的宣传机器。

随后，加比被转移到了波罗的海的萨特拉战俘营，并在那里呆了 9 个月，尽管是战争后期，加比居然没有饥饿的威胁。但加比除了忍受战争，居然还要忍受 1944 年冬季和 1945 年春季漫长的寒冷。幸好，4 月 30 日，提前赶到的苏联人解放了该战俘营，随后，加比转道英国，然后直飞美国威斯康星州，为的是与他的未婚妻团聚，在那里，他受到了英雄般的欢迎，6 月，他们举行了婚礼。这大概算是对这个英雄最大的安慰了吧。

> 二战中的加布里埃尔，他战机上的纳粹标识代表着击落敌机的数量

朝鲜战场的第二次辉煌

不久,二战结束了,和许多退伍军人一样,加比不知道下一步该做什么,但他首先要完成他的大学学业,并继续飞行。他被指定为俄亥俄州一个机场的飞行员,还获得了向国外销售道格拉斯公司生产的飞机的工作。1946年5月,他甚至访问了墨西哥、阿根廷、巴西以及智利等国,为的只是推销道格拉斯公司的DC-6飞机,但此行不是很成功,可能他真的不适合做生意,适合战场吧,而且已经有儿女的加比也不愿意再长途奔波,于是加比寻找过去的关系,终于又回到了美国陆航。1947年4月,他以中校军衔指挥第55战斗机中队,驾驶P-51战机,之后,加比甚至完成了自己的学业,于1949年8月获得政治学学士学位。之后,这位二战时期王牌飞行员的任务是到密

> 加布里埃尔曾驾驶F-86"佩刀"创造出6.5架的成绩,是美国第一个在两场战争中取得王牌成绩的飞行员

歇根州塞尔弗里奇空军基地第 56 战斗机大队学习驾驶洛克希德的 P-80，这是一种过渡机型，也是美国空军的第一型喷气式战斗机，加比在试飞该飞机时发现了许多问题，这对后续机型的出现提供了很好的帮助。

1950 年 6 月，朝鲜战争爆发，美国空军也获得了比较完美的喷气式战斗机 F-86。此时，加比已经转往驻扎于日韩的第四战斗机拦截中队，并晋升为上校。二战时期的拼命三郎此时仍抱着学习的态度，毕竟喷气式战斗机是一个新的革命性的武器。当时，加比甚至怀疑自己还能否作为一名合格的飞行员，因为此时他已经 30 岁了，视力也不如以前了。

尽管如此，由于要面对同为喷气式战斗机的米格 -15，加比不得不打起精神，因为米格战机可以飞得更高。很快，米格走廊开始闻名于世。尽管加比已经击落了 6.5 架战斗机，再次成为双料王牌飞行员（是美国第一个在两次战争中都是王牌的王牌），但此后却神奇地没有了消息。

战后，加比曾拜会过杜鲁门总统，作为一名虔诚的基督徒，他参与了许多慈善活动。1960 年，加比被转移到了冲绳的嘉手纳空军基地。1967 年，加比退役，并担任格鲁曼公司的副总裁，直到 1987 年退休。2002 年，加比去世。

第二次被击落之谜

加比参加过两次战争，飞行过 289 次，摧毁了 34.5 架敌机，由于这种贡献，他于 1978 年被载入美国国家航空名人堂，评语是："在两次战争中凭借着不同寻常的勇气，富于奉献精神，成为一名领先的王牌飞行员，在和平时期，也能履行自己的职责"。1992 年，萨福克郡的机场被更名为加比机场。加比堪称誉满美国。

但加比在朝鲜战场上有一次被击落的历史，却被美国官方很好地隐藏了起来，2001 年，也就是加比去世前一年，这一谜底才被揭开，美国人自己披露的档案显示，美国二战著名的空中英雄，曾任第 51 联队联队长的加比，在朝鲜战争中曾被再次击落，由于是在美国控制区，才避免了被俘虏的命运。而为了稳定军心，也为了不让这位已经被俘过一次的英雄神话蒙羞，加比被击落的消息居然封锁了 50 年。不过在是被谁击落的这一点上，却又存在着疑问，

> 加布里埃尔和其他美国王牌飞行员在一起聚会

有一种说法是苏联飞行员什楚金。什楚金 1951 年 11 月 13 日获得过苏联英雄的称号，那是因为他作战勇敢，其中即包括"击落"加比那次，但是并没有确凿的证据。

虽然是被击落的一直缺乏明确的证据。但无论如何，加比被击落是确定无误的。这也为这位传奇的飞行员增添了更神奇的一笔。

结语

加布里埃尔作为二战中排名第三的飞行员，其战绩显然是靠自己的拼命三郎精神得来的，即使在苏联飞行员那里，加比也是名声显赫。

他曾被谁击落？ | 美国两战王牌飞行员加布里埃尔

> 晚年参加飞行爱好者活动的加布里埃尔

美国海军陆战队头号王牌
格里高利·博因顿

　　他是华盛顿大学的高材生，也是一个拳击手，曾经获得过美国西北太平洋地区中量级拳击比赛的冠军，功夫高手李小龙算是他的师弟；他拥有1/4的印第安人血统；他曾经是抗战中著名的飞虎队的一员，并曾在中国战场击落6架日机；他是美国海军陆战队第一王牌飞行员，曾经击落多达28架日机；他曾经获得过美军的最高荣誉——荣誉勋章，但却是他被宣布"死亡"20个月以后，而这20个月，他是在日本的监狱度过的，因为他取得第28架成绩的同时，他的座机也被击落；他是美国二战期间有名的黑羊中队——美国海军陆战队第214飞行中队的缔造者，他被下属亲切地称之为"老爹"；他的事迹曾经被拍成电影《黑绵羊飞行中队》并且还有电视剧版，而且都热播；但他还是一个酒鬼，一个赌徒，一个花心的男人，也是老兵们心目中的英雄。而他死后，和他墓碑相邻的是曾经多次获得世界重量级拳王的被称作"褐色轰炸机"的美国著名黑人拳王乔·路易斯，他就是美国二战海军陆战队第一王牌飞行员格里高利·博因顿。

复杂的身世

格里高利·博因顿于1912年12月4日出生于美国爱达荷州的科达伦，成长于美国爱达荷州本瓦县的伐木镇以及华盛顿州的塔克玛市，也是在那里度过他的高中阶段，并且成为一个摔跤手。有意思的是，博因顿第一次和天空结缘，开始于6岁那年，和他同机的乘客还有克莱德·潘恩博，他后来和赫伯顿成为世界上第一次不间断飞跃太平洋的人。

> 博因顿少校，VMF-214（疯羊中队）中队长，美国海军陆战队头号王牌飞行员，绰号"老爹"

1930年，博因顿18岁时，考入了位于华盛顿州的华盛顿大学（美国有两所华盛顿大学，一所位于密苏里州的圣路易斯市，所以又称作圣路易斯华盛顿大学，创办于1853年，是私立大学，另一所华盛顿大学创办于1861年，是一所公办大学，位于美国西海岸的华盛顿州西雅图市，那里是著名的航空城，2001年之前更一直是波音公司的总部所在地，而位于西雅图的华盛顿大学在世界大学的排名很靠前，世界上许多机构给予该大学的排名基本都在前3到前15之间），曾经出过12位诺贝尔奖获得者和12位普利策奖获得者，该校的华裔或者中国籍名人也比较多，比如功夫巨星李小龙等，所以作为那个年代华盛顿大学的学生，博因顿是不折不扣的高材生！

博因顿在大学的专业是航空工程，作为一个体育运动的狂热爱好者，博因顿是华盛顿大学摔跤、游泳团队的成员，也是Lambdachi Alpha兄弟会的成员。在大学期间，博因顿还获得了美国举办的西北太平洋地区中量级摔跤冠军，按照咱们中国人的标准，大概可以归入文武双全的种类吧。1934年，博因顿从华盛顿大学毕业，获得了理学学士学位，顺理成章的，毕业不久后，就进入即使是在那个年代，也在航空界声名远扬的波音公司，担任制图员和工程师。

事实上，在大学期间，博因顿就不是一个能闲下来的人，在暑假期间，其曾经在家乡的采矿营地、伐木营地工作过，而且还参加了家乡的道路建设，并且还成为爱达荷州消防协会的会员。

在大学期间，博因顿就对军事很感兴趣，所以参加了预备役军官训练团，也正是在此期间，他申请参加飞行训练，这也为他后来进入美国海军陆战队打下了坚实的基础。不过，在申请飞行训练时，却发生了这样一件事，那就是申请飞行训练需要出生证明，而出生证明上的名字是格里高利·博因顿，而他之前使用的姓氏则是哈利班克，即格里高利·哈利班克，由此，博因顿才知道父亲的名字是查尔斯·博因顿，而他父亲和母亲在他是婴儿时就已经离婚，博因顿知道了自己的身世，也知道了自己居然有四分之一的美国著名的印第安民族苏族血统。

扎实的航空之路

四分之一印第安血统的博因顿大学刚一毕业就结婚了，但由于名字的原因，也许是博因顿故意撒谎，总之按照规定美国海军陆战队的飞行员是不能结婚的，除非两年以后获得金翅膀，即成为海军军官，但他就是于1935年6月加入了海军陆战队，并且用博因顿的名字在之前就是美国海军岸防炮兵部队的少尉了（1934年6月），驻地是大学附近的华盛顿岸防炮兵营地。不过博因顿的秘密最终还是被发现了，但那时他已经离婚了，而且是3个孩子的父亲，所以美国海军陆战队不得不命令他每个月报告他如何分配他的薪水，尤其是如何给前妻和3个孩子的。1936年2月，博因顿接到了一份命令，上级命他前往位于佛罗里达州彭萨科拉的海军飞行训练基地作为海军陆战队的储备飞行员进行飞行训练，1937年3月11日，博因顿从训练基地培训完毕，正式成为海军陆战队的一名飞行员，并驻扎于弗吉尼亚州的匡迪科，1937年7月1日，博因顿终于成为一名美国海军陆战队的少尉飞行员。

1938年时，博因顿又被派往在费城的美国海军陆战队基础训练学校，学习完成后，博因顿被派往位于圣地亚哥的美国海军航空站的第二海洋航空器小组，并在那里参加了有两艘航母，分别是"列克星敦"号和"约克城"号参与的大型救灾演习。有意思的是，这两艘此时隶属于美国大西洋舰队的航母，在二战时期，都服务于太平洋舰队，而且都参加了历史上首次的航母大决战——珊瑚岛大海战，而且战功赫赫。只是战功赫赫的"约克城"号航母在中途岛海战中被日军击沉。1940年11月4日，博因顿被晋升为中尉，而这距离他上次授衔，已经过去了3年多的时间。授衔完成后，博因顿开始了自己的航空教练之路，工作地点是彭萨科拉，还是位于佛罗里达州，也是美国有名的军港所在地。

前往中国

1941年7月，也有资料说是8月，博因顿辞去了其在美国海军陆战队的职务，转而加入中央飞机制造公司，即CAMCO，事实上该公司只是一个幌子，是当时的国民政府为了在美国招聘美国飞行员而设立的机构，该机构的人员后来都加入了美国志愿航空队，即在后世大名鼎鼎的飞虎队（American Volunteer Group，简称AVG），说起来博因顿参加AVG的经历其实极为独特，由于博因顿酒瘾极大，脾气又暴烈，这种脾性无论哪种文化背景，都不会受领导的待见，而且当时的美国志愿航空队成员，基本都是一些在部队没有发展前途，又被优厚的佣金吸引的年轻人，许多人甚至只是具备最初级的飞行经验。当时CAMCO招聘飞行员的条件是每月薪酬600美元，如果击落一架日机，额外奖励500美元，如果1年能击落10架敌机，那么一年的薪酬就是12200美元（有些资料说每月薪酬是主力飞行员是675元，而僚机则是600元，而少校级别的飞行员则是750元，问题是陈纳德没有招到这一级别的飞行员，而博因顿每月的工资应该是675元，如果能击落10架，报酬非常可观），当时美国普通工人每月的工资大约是40美元，在当时，即使是美国海军司令也拿不了那么多的薪酬！对于当时经济有些窘迫又充满冒险精神的博因顿来说，去中国自然是机会了！当时的中国空军顾问陈纳德最初其实指望通过打动美国的政客，然后招募一支志愿军的，而事实上，所谓的美国志愿航空大队，按照今天的观点，是一支不折不扣的雇佣军！当然了，这支雇佣军对中国人民的抗战事业做出了不可磨灭的贡献。1941年7月11日，荷兰货船"布莱姆弗丹"号从美国西海岸的旧金山码头出发，从金门大桥下穿过后，就驶往了浩瀚的太平洋，在这艘船上，除了大批货物外，还有几十名特殊乘客，他们的身份多种多样，有演员、律师、记者、运动员、牧师等等，但他们有一个共同特点，那便是都非常年轻。而且他们都有一个共同的话题：战斗以及飞机。

博因顿在自己的回忆录《黑羊》（Black Sheep）中，曾经这样写道：我的护照上面职业一栏写的是牧师，想起来都好笑，其实我们知道政府专门派了一艘军舰远远地跟在后面护送我们，如果船上坐的是一群老百姓的话，值得国家花那么大的力气吗？

"布莱姆弗丹"号上面共有26名陈纳德从美国招募的飞行员，而陈纳德总共从美国招募了110名飞行员，其中真正的战斗机飞行员，只有17名，其他93人则基本没有驾驶战斗机的经验，当然，任何战争，后勤永远是最重要的，没有专业的地勤人员，这100多飞行员基本英雄无用武之地，所以陈纳德招募的更多的则是专业的地勤人员，200多名地勤人员当中，绝大多数都是专业维修技师。

"布莱姆弗丹"号一路颠簸，途经澳大利亚、菲律宾、爪哇、新加坡4

> 美国"列克星敦"号航母，博因顿曾在该航母上服役

个中转站然后抵达缅甸，到那里后大家又乘车进入中国，如此这般，一是为了飞行员的安全，二来也是为了保密，可以说美国政府一方面出于对日本的防备，已经意识到了这样做的好处，但没有撕破脸的话，美日之间还是能做一些交易的。

飞虎队的磨难

博因顿和其他飞行员一样，到达中国时，先要忍受恶劣的生活条件，国民党政府许诺的优厚条件包括东方美女都没有出现，甚至连吃饭都紧张，仅仅3个多月后，总共300多人的航空志愿队，就只剩下174人了，其中包括70名飞行员和104名地勤人员，这其中自然包括博因顿，因为其已经将上级得罪了，而且辞职了，作为一名飞行教练级别的飞行员，博因顿很可能会获得很高的报酬。不过鉴于这批飞行员并没有多少飞行经验，尤其是抗战已经进行了4年，日军无论是在飞行员技术经验方面还是在具体的战机性能方面，都是全面超过临时筹集起来的中国飞虎队的，因为4年空战，中国空军几乎陷入无机可用的境地，人员伤亡也已经无法补充。在博因顿们前往中国的途中，从美国进口的原本出口到法国又因为法国很快战败而无法采购运往英国，英国人又看不上的P-40战机，在被中国政府紧急采购后，也已经在运往缅甸的途中。

飞虎队们先需要适应恶劣的气候条件以及饮食条件，还需要真正的飞行培训，才能投入和日军的战斗，不然，飞虎队只能是百分之百的"炮灰队"。陈纳德针对P-40的特点以及飞虎队人员的技术水平开发了专门的捕杀战术，即由于P-40的对手日军的"零式"战斗机无论是爬升速度还是最大升限又或者灵活性均大大超越P-40，所以只能采取遭遇敌机之前，尽可能的爬升到最大高度，然后利用P-40的优点——装备有8挺机枪，其中两挺12.7毫米机枪以及两挺7.7毫米口径的机枪，后期换成了13毫米口径的机枪，4挺7.7毫米机枪。"零式"装备有2门20毫米口径的机炮，只不过只有60发弹药以及，俯冲性能好、防护性能好——从高空俯冲攻击后，如果没有击中，立即全速撤退，然后伺机再行拉升反复对敌机进行冲击。从后来的战果看，陈纳德的这一战术还是相当成功的，而博因顿则是在经历过一次和日军的空战后，才意识到美军飞行员和日军飞行员的技术差距，这从其战后的回忆就可见一斑：

"在整个 AVG 部队里面，我可能是空中格斗技术最好的飞行员了（笔者按：事实上，博因顿是招收的这批飞行员里面唯一的正式成员，即'regular'，而不是预备成员，即'areserve commission'，原因很简单，美国政府对这批飞行员放行的唯一条件就是他们只能是预备役的，虽然美国在战前利用自己的体制培养了大量的飞行员，但预防战争的发生以及扩大，谁也不敢说自己的人员多多益善，而博因顿例外只是因为他是一个让领导头大的下属，人人恨不得眼不见为净），其实他心里一直想同日本的九七式战斗机面对面地分个高低。由于空战要不停地做高速回旋和翻转的动作，飞机产生的离心力会使飞行员的大脑出现短暂的供血不足而导致眩晕。那个时期的许多飞行员都是因为这个原因而丧生的。但我当时掌握了一个诀窍，那就是在高速旋转时绷紧自己的颈部肌肉来压住血管，防止血液从大脑向体内回流，这样我就能够保持对飞机的控制，而不会像其他人一样晕倒，当然，这需要在平时对自己的颈部肌肉进行训练。"（笔者按：其实博因顿的经历发生后没过几年，许多国家就研制出了各种式样的高空代偿服，有效地解决了这一问题，而高空代偿服研制出，据说原理即是从长颈鹿的脖子那里汲取的灵感，博因顿的这一尝试，还真的和长脖子的长颈鹿能控制脑部供血差不多。）

"1942 年 1 月，我在明加拉顿上空同两架日军的九七式战斗机展开了格斗，前面的一架敌机为了摆脱我的追击开始作翻转，我想机会来了，于是我冒险进行了一次最大限度的高空翻转，那时候我简直觉得身子下面的飞机都快要散架了，我照例绷紧了我的颈部肌肉，但没想到在最高点的时候，我的眼前还是一阵发黑，当我清醒过来的时候，发现那架敌机已经转到了我的身后，两束曳光弹随即打了过来，好在我还是抓住了最后一点时间拉开飞机，摆脱了对方的追击。"

"在另一次战斗中，我依照陈纳德所授的战术，从高空逼近了 1 架日军九七式战斗机，当时我在他上方大约 300 米处，然后我突然加速俯冲扫射，然而正当我射出的子弹即将击中那架九七式战斗机的时候，他突然用一个匪夷所思的动作绕到了我的背后，我虽然长期在美国担任飞行教官，但从来没见过有飞机能做出这样的动作,从此我放弃了在空中格斗的幻想。"

很显然,即使是在美军中担任教官的博因顿,在面对日军飞行员时,也会是一副任人宰割的架势,可见这时候日军的飞行员多么的训练有素,也由此可见中国空军之前用有限的人力物力能取得许多成绩且能坚持4年之久是多么的难能可贵。

究竟击落了几架?

在博因顿的自传《黑羊》和一本名叫做《谭雅》(Tonya)的小说中,博因顿对飞虎队事实上的"教父"没有任何好感,原因很简单,博因顿坚持自己在中缅战场击落了6架日机,而陈纳德却只承认博因顿本人击落了3.5架日机,其中2个是空中射杀,另外的1.5则属于给予奖金额度,即意外的奖励,陈纳德保存在斯坦福大学的一份日期为1942年4月27日的档案这样记载博因顿:

1942年2月6日,在飞虎队的另一个中队,副队长格里高利·博因顿在与日军的驱逐机于缅甸仰光的战斗中亲自击落了两架,1942年3月24日,博因顿和飞虎队的其他5名飞行员一起偷袭了位于泰国清迈的日军机场,在偷袭中,日军有15架战机被炸毁或者烧毁,其中副队长博因顿的战绩是2.5架。该飞行员一共击毁敌机4.5架,其中2架是空中击落。他在空战中的表现和成就是值得称赞的。

陈纳德——飞虎队司令官

事实上,又有些史料认为这份档案显得有些草率,博因顿此战被认为只能获得1.5架的成绩,当时又有资料显示是10个人参与了这次突袭,而且杰克·纽卡克(飞虎队有3个大队,纽卡克是第二大队的队长)在这次突袭中被杀,迈克·麦克格力被俘。

博因顿到临死之前,仍坚称他击落了6架敌机,当然了,在具体的空战中,是很难有准确无比的数字的,因为击落和击中许多时候是不能画等号的,

> 飞虎队的 P-40 战机，博因顿的最初战绩就是通过驾驶 P-40 来获得的

而且无论是飞虎队还是日本的陆航海航，各自意外的损失并不比战损时候少，比如日军的轰炸机在 1942 年在缅甸仰光附近就由于在云雾中迷失了方向，12 架九七式重型轰炸机全部撞山坠毁。而且中国方面和日本方面的战绩统计都有水分，但无论如何，博因顿在中国战场为抗战事业作出的贡献是该被牢牢记住的。另外，不能忽视的是，在飞虎队当中，尤其是地勤人员，许多原本就是华侨。

另外，不得不强调的是，从 1941 年 9 月飞虎队组队到 1942 年 7 月受命解散，在短短的不到一年的时间里，飞虎队宣称击落了 171 架，这里面肯定有夸大的成分，而且飞虎队对抗战的整体作用，远没有今天这般巨大，但其对人心的鼓舞作用是绝对无法估量的。而且参战不一定就有战绩，只要能和日军飞机对抗，就能减轻中国方面陆军抗战的压力。博因顿在不到 1 年的时间了，大大小小参加了十几次空战，尤其是上面提到的 1942 年 3 月 24 日那次，参加战斗的飞行员，活着回到昆明的，就只剩下博因顿一个人了。虽然博因顿是奔着"钱途"来的，但是即使是合同到期后，尤其是听说飞虎队要解散后，在办理离队手续期间，博因顿依然频繁参加任务，其中包括和中国空军的苏制图波列夫轰炸机编队一起出击越南的河内以及海防，还有在畹町同日军海军航空兵的"零式"战斗机作战。而博因顿即将离队时，在执行任务时，由于飞机漏油突然失去动力迫降在一片农田而受伤，眼见昔日同僚死的死，被俘的被俘，而飞虎队也将变成美国空军驻华特遣队，原本的优惠收入也不再，拖着病伤的博因顿不久就经印度返回美国。也有资料证实，其实博因顿是被陈纳德开除出飞虎队的，因为其在不执行任务时，总是醉醺醺的，而且很难指挥，在博因顿被开除后，其本人本打算乘坐英国海外航空公司的飞机先到卡拉奇（当时印度城市，如今巴基斯坦的第一大港口），然后从那里乘坐美国陆军的飞机飞回美国，但是，博因顿的这一请求被拒绝了，原因很简单——第一个被征召进入飞虎队的飞行员，其实是一个"逃兵"！最后，博因顿不得不乘坐客轮离开印度，而随行的包括几百名加拿大的陆军士兵以及一些传教士，正如他一年前从美国出发时一样，船上除了他们，真的还有几十名传教士，而博因顿当时的身份也是传教士。

黑绵羊中队？疯羊中队？

博因顿返回美国，曾经一度在西雅图给人干过每小时 75 美分的代客停车员，但作为一名优秀的飞行员，美国海军陆战队是不会忘记博因顿的，1943 年年初，博因顿再次被征召入伍，这时美国海军陆战队组织了第 121 中队，该中队要求队员都是必须具有丰富战斗经验的飞行员，博因顿担任该中队的队长，驻地是瓜达尔卡纳尔，但是在那里，也许是时运没来，也许是博因顿还处于恢复期，总之是一架敌机都没有击落。

此时的博因顿，已经是 31 岁的年龄了，对于一个飞行员，尤其是有伤病的飞行员来说，年龄已经大了些，而且由于之前有辞职的经历，其军阶也不高，也许博因顿将以一种不体面的方式离开海军陆战队，但内心不甘于平庸的博因顿却从一群年轻人身上看到了希望，他向上级提出组建一支由后备飞行员组成的飞行中队，最终，他的这一建议被上级通过，不久 214 中队成立，博因顿当之无愧地成为中队长。由于原本就是飞行教官，又有在中国进行空战的丰富经验，所以虽然 214 中队的队员都是新服役，许多人甚至成绩不良，因此被上级称之为败家子中队，最初得到的全都是嘲讽，但是在博因顿的严格甚至跋扈的训练下，却都有了冲天之志。

> 陈纳德和博因顿的关系也谈不上很好，甚至博因顿离开飞虎队，有部分资料认为是陈纳德开除了博因顿，但从文档中陈纳德对博因顿的评价可以看出，其还是相当欣赏这位浑身是刺的飞行员的

由于比这些年轻的飞行员要大上十几岁，并且管理严格而又颇有人望，而部队的长官总是能获得"老人"般的称呼，中外皆然，所以博因顿获得了"老爹"的称号。在老爹的训练下，参战不久的214中队终于一战成名，1943年9月16日，214中队为前往巴拉雷岛的150架轰炸机护航，该岛是布甘维尔岛以西的一个日军重点设防的岛屿，214中队不久就和日军的40架"零式"战斗机遭遇，得益于战斗经验丰富、已经无数次和日军交手的博因顿的反复训练，这支部队很快猛冲猛打，一战就打下了11架敌机，而且还有9架可能击落，从此，这支中队终于有了自己的名字"黑羊"，并且声名远扬。不过，这里需要特别强调的是，黑羊的翻译，只是字面的意思，其实意译过来，意思是害群之马或者败家子，因为按照英语，"Black sheep"其实相当于咱们的成语，意思是一个奇怪的或者声名狼藉的组织，不过如果称作害群之马中队或者败家子中队，太不符合翻译的信达雅的标准，而且国内对黑羊中队的关注似乎很少，故国内一般翻译过来都称作黑羊中队，并没有细究这个名字的内部含义，故笔者反而觉得，翻译成疯羊中队或者害群之马中队，似乎更符合该中队原本的意境，而且更容易被记住，因为这些无法无天的家伙在老爹的率领下就是一群能打仗的混蛋而已，所以下面的文章中，笔者就称他们为疯羊中队吧。此战中，作为领导的博因顿表现尤为突出，一人击落5架"零式"战斗机，当战斗结束，博因顿飞回基地时，他的燃油几乎耗尽，而机枪子弹，居然只剩下了40发左右，而飞机，此时也是伤痕累累。

而更夸张的一次，则是一个月后的10月17日，博因顿率领24架海盗式战斗机在布甘维尔岛南部和日军的60架周旋，战斗中214中队击落了20架日机，而己方居然没有战损！博因顿中队驻地一直举行棒球联赛，而每当有

美国海军陆战队头号王牌 | 格里高利·博因顿

> 紧急起飞的飞虎队成员,在中缅战场,后来的美国海军陆战队第一王牌飞行员博因顿取得了人生的最初辉煌,一共在中缅战场击落了 6 架敌机,实现了自己的 ACE 梦想

飞行员击落敌机,就发送一顶棒球帽,而这次,疯羊中队一下子就收到了 20 顶棒球帽。而在短短的 12 周之内,疯羊中队总共击落了 97 架日机,平均每天击落 1 架以上敌机,这对于一个新组建的飞行中队来说,几乎是无可比拟的成绩了,毕竟短短的 80 多天,击落的数量已经是疯羊中队本身飞机数量的四五倍了!

在这里不得不强调的一点是,F4U"海盗"战斗机是博因顿的团队能取得超强战绩的最大保证,原本 F4U 是一款有不少问题的战斗机,因为其机鼻过长,所以飞机在航母上降落时很容易看不见着陆信号官的信号,而且该机的特点是速度快、火力强、爬升性能好,随之的问题就是低速性能差,通俗点讲就是不容易刹闸,所以很不利于在航母上起降,美国海军在使用中发现问题多多,最后就把飞机转给了海军陆战队,而海军陆战队则将其当做陆基飞机使用,在使用中逐渐发现了该机的诸多优点,而该机在改良后,最终成为美国海军最优良的舰载战斗机。

由于疯羊中队的飞行员群体原本都是"害群之马"，而博因顿本人也是问题多多，尤其宁可犯军规也不愿放弃杯中之物，顶撞上级当成家常便饭，这样的群体自然很容易引起媒体的关注，而博因顿本人自然也成了媒体的宠儿，当然了，只是远远没有达到巴顿将军那个级别而已。由于这是一个极具个性的领导率领的极具个性的团队，不但当时容易引起媒体的关注，在二战后，还以博因顿为原型，拍了一部非常火爆的电视剧《咩、咩，黑绵羊》以及电影版本，电影版拍摄于1976年，正是冷战巅峰时期，而在影片开拍之时，博因顿本人还对剧情进行了指导。

被俘虏的美国海军陆战队队第一王牌飞行员

从1943年9月份开始参加太平洋战争，短短的32天之内，博因顿就取得了14架的成绩，而到12月27日时，博因顿的战绩已经攀升至25架（包括在中缅战场取得的），这马上就要和美国一战最有名战斗机飞行员里肯巴克的成绩齐平了（里肯巴克在一战中总共击落了26架敌机是美国一战第一王牌飞行员，被誉为王牌中的王牌），随之而来的就是声名鹊起，所以除了战场，博因顿应付最多的就是媒体。对于博因顿而言，此时的压力可想而知，而且有种时不待我，必须取得更大成绩的冲动，但是，好运并没有伴随他多久，1944年1月3日，博因顿率领他的中队横扫拉包尔上空，击落了3架敌机，这样就使得他一下子成了美国海军陆战队第一王牌飞行员，也是有史以来美国击落敌机最多的飞行员，但是当美国媒体正打算报道博因顿的这一丰功伟绩时，当天，博因顿就被日机击落，而击落他的是一名只有19岁的日军飞行员川户政次郎（Masajiro Kawato），上帝许多时候太喜欢和人开玩笑了，就这样，博因顿结束了自己创造更多战绩的脚步。

当然了，相对于美国陆军航空兵第一王牌飞行员理查德·邦来说他还算幸运，在被名不见经传的川户政次郎击落后，博因顿跳伞成功，很快他就获救了，只是救他的不是美国人——而是日本的一艘潜艇，所以，随之而来的，就是20个月的日本监狱生涯，因为20个月后，日本宣告投降。在狱中，博因顿还有一位大名鼎鼎的狱友，那便是后来同样获得功勋军团荣誉勋章的理

> 国内一些媒体将美国海军陆战队 214 中队的绰号翻译成黑羊，其实是完全没有翻译出其神韵，因为 black sheep 在英语语境中的意思是一群声名狼藉的人的组织，故将 214 中队的绰号翻译成疯羊似乎更恰当些，而不是看起来非常温顺的黑羊。

查德·奥凯恩艇长，目前美国驱逐舰主力"阿利伯克级"第 27 艘"奥凯恩"号驱逐舰即以该艇长的名字命名，一个是美国二战天空的骄子，一个是美国潜艇部队的王牌，后来更是贵为美国海军少将，能成为狱友，也算是一种缘分。

有意思的是，博因顿后来还和川户成了很好的朋友，年龄小的川户更是直到 2001 年才去世。更有意思的是，"酒鬼老爹"在狱中自然是没有机会喝酒了，20 个月的时间，居然直接让博因顿把酒给戒了，而且在狱中居然胖了，虽然日军的监狱以虐待俘虏而盛名，但偏偏博因顿的举动让人哭笑不得。不过日军并没有把他的囚禁状况报告给红十字会，所以美国一直以为博因顿牺牲了或者失踪了。而在博因顿座驾被击毁后，他获得美国总统罗斯福颁发的功勋军团荣誉勋章，虽然博因顿在战后才得到这枚勋章，而不同寻常的勋章足以证明博因顿在美国海军陆战队的重要性。

罗斯福在颁发勋章时的发言是这样的：

具有非凡英雄主义的而且超越了使命召唤的美国海军陆战队第 214 中队

> 和疯羊队员在一起的博因顿

的指挥官博因顿少校，在1943年9月12日到1944年1月3日在所罗门群岛与重兵驻防的日军进行连续的危险的作战，博因顿进行的作战是大胆而持续性的极为勇敢的，他的中队对日军的航运、海上设施和空中力量造成了毁灭性的成果。博因顿少校用自己最大的努力去伤害敌人，在1943年10月17日，他率领自己中队的24架战斗机大胆地与日军的60架飞机在空中对战，在他的杰出指挥下，我们的战机取得了20架的战绩却没有一架战损。博因顿是一个高超的飞行员，而且在面对敌人时具有坚决的决心和压倒一切的优势，博因顿是一个强有力的领导者，而且他自己亲自击落了26架日军飞机（有两架敌机成果是战后才承认的），在这个极其重要的战略区域，在盟军的空军中，博因顿发挥了极其独特而重要的作用。

死得不寂寞

1945年8月28日，博因顿被从日军的战俘营中被解救出，随后返回美国，并继续在美国海军陆战队服役，直到1947年1月8日，退役之前，他被晋升为上校。退役之后，博因顿曾多次再婚，并做过一段时间的啤酒厂的高管，

> F4U 海盗是美国二战中最优秀的舰载机,而这款战机的性能最初就是由黑羊中队和博因顿给飞出来的

后来又成为一个航空设备方面的零部件供应商,算是没有脱离老本行。由于不幸福的婚姻,也许是性格使然,也许是战争留下的后遗症吧,博因顿在战后又成了酒鬼,还获得了色鬼的称号,但是,由于他传奇的经历,他曾多次到电视台担任嘉宾,后来又写了有名的自传《咩咩、疯羊》,该书于1958年被拍成电视剧,博因顿在该剧中担任技术顾问,由于热播,还拍了第二季。而1976年,电影版上映。

在战后,博因顿还曾经访问史密斯学会的国家航空航天博物馆,参观了那里的保护、恢复和存储的航空设施,有意思的是,博因顿还登上了那里的一架F4U"海盗",也许是习惯使然,博因顿曾试图启动发动机,最后还在这架"海盗"上面亲笔签名。这架飞机后来一直在该博物馆展出,挂在该博物馆的天花板上,如果是眼尖的观众,也许还能看见博因顿的签名。

1988年,在加利福尼亚的弗雷斯诺,博因顿最后定居地,他死于癌症,享年75岁,他被安葬在阿灵顿国家公墓,有意思的是,与他"毗邻而栖"的是美国拳击史上的传奇人物拳王乔·路易斯,美国101空降师的指挥官马克斯韦尔·泰勒和著名的飞行员詹姆斯·杜立特尔和博因顿的墓地也是几步之遥。前来参加典礼的黑羊中队的老兵甚至发出了老爹再也不会寂寞了,因为他找到了能打的人(乔·路易斯)的感慨。2007年,他的家乡爱达荷州的科达伦,一座机场以博因顿的名字命名,而2008年,一个独立的纪录片《老爹博因顿》拍摄完成,算是对这个身世不凡,特立独行的伟大飞行员最后的纪念。2009年,

空战英豪：王牌飞行员的天空

博因顿还获得了华盛顿大学颁发的荣誉纪念勋章，以纪念这位杰出的校友。

> 川户政次郎在击落博因顿后很快确认了自己的战绩，因为博因顿被日军潜艇给俘虏了，倒是美国方面直到二战结束后解救战俘时才发现博因顿没死

> 美国上世纪最伟大的黑人拳王乔。路易斯也曾是美国军队的一员，而且年龄和博因顿差不多，他们两个埋在一起，还真的有些登对

自由的法兰西

10 经历最曲折的二战法国第一王牌飞行员
皮埃尔·克鲁斯特曼

他的经历极为曲折，他是一个法国人，却出生在巴西，他想报国，却被祖国拒绝。他是一个王牌飞行员，但他却是在美国学习的飞行技术。曾经以英国空军少尉的身份，为了保卫祖国，却要去攻击祖国的土地。他是诺曼底登陆时第一个踏上法国土地的自由法国运动的飞行员。他是一个作家，他的书曾经印量超过百万，与美国著名的作家福克纳相当。他是一个工程师，参与多家法国航空企业的创建。他也是一名政治家，曾经于1946年到1969年担任法国国民议会的议员。英阿马岛战争中，他没有站在西方的立场，而是支持阿根廷空军。而1990年的海湾战争，他旗帜鲜明地反对西方的干预立场。他也是一个高寿的人，作为二战时期最有名的法国飞行员，他活到了2006年。他，就是法国二战头号王牌飞行员皮埃尔·克鲁斯特曼。

经历最曲折的二战法国第一王牌飞行员

提起二战法国，许多人对其最大印象是，不堪一击、傀儡政权、自由法国运动。历史，许多时候，其实也很喜欢被贴标签，但很多时候，标签真的很难概括鲜活的历史。没错，法国在 6 个星期的时间内，从一个老大帝国变成一个傀儡政权，但法国在二战期间也和德国进行了不屈不挠的斗争，即使是最不堪的那 6 个星期当中，根据法国方面的统计，法国空军也在空战中击落德国飞机 684 架，己方损失战机 504 架，阵亡 201 名飞行员。

即使是这个统计有水分，但也足以证明法国飞行员的优秀，原因很简单，二战，法国是注定要失败的，而且在战前就已经确定：由于一战后人们对战争长期以来的厌恶，使得人们讨厌战争进而讨厌战备，如果哪个法国领导人主张强有力的扩军，等不到战争来临，

> 皮埃尔·克鲁斯特曼戎装照

自己就先被喜欢和平的法国人民赶下台。于是，当二战真的降临到法国的头上时，法国人才发现，和积极扩军备战的德国相比，自己的各方面军力都是如此的不堪。以空军为例，没错，二战前法国是研制出了性能非常先进的"德瓦丁"D520 战斗机（国内还有翻译成迪奥依亭 D520 的，只是这名字怎么听着像"520"那天送迪奥香水一样，不过此迪奥非法国著名时尚品牌迪奥）问题是，此时的 D520 战斗机虽然号称世界一流（其实性能远远比不过同时代稍晚点的 P-38 或者"零式"战斗机，只不过与德国对手相比，这种小型战斗机在操纵方面极为灵活，其最大的缺陷是发动机马力不足），但在战争初期，居然没有装备部队，原因同上。再加上法国的社会党政府对法国工业的损伤，即 1936 年的军用飞机产业公有化政策，严重地打击了厂方，导致飞机产量降低，发动机更换延迟，而在生产时法国航空工业依靠熟练工人而不是采用批量生产方式，再加上原本喜欢自由的法国工人们原本的干活热情就不高，于是，当战争开始时，虽然法国有庞大的飞机——分布在世界各地，在其本土，则大约只有 800 架左右的现代化战机，在一线，则只有 300 多架。战争爆发后，德瓦丁 D520 加速生产，到法国投降时，大约生产了 200 架，驾驶这种飞机作战时，许多飞行员甚至不熟悉其性能，而对面的德国，则有大约 3500 架的现代化战机，而其飞行员，则技术已经炉火纯青了。由于先进战斗机不够用，

法国人的办法，居然是战前从美国进口了霍克 75A 型战斗机，战争中，在前线的霍克大约装备 5 个中队（每个中队大约 12 架 ~13 架左右的战机），根据当时战场的反馈，该机性能不错，只可惜法国进口的数量太少。不然，至少在空中，战场形势会变得好些。

而法国此时的盟国英国，也好不到哪里去，英法在前线的空军数量之和都远远比不上德国，质量方面也差些，此时英国最好的战斗机"喷火"，还被英国政府雪藏着呢。法国不可逆转的战败，尤为让人惋惜的是，法国投降后，维希政府继续着德瓦丁 D520 战斗机的生产，但其中的大部分，大约 400 架，被德国人征用，送到了意大利、罗马尼亚还有保加利亚。

可是，法国空军毕竟是世界上第一支正规的空军，世界上第一架真正的战斗机，也是由法国人发明的，法国在一战中也锻造了一大批的王牌飞行员，甚至王牌飞行员——ACE 这个名词，本身就是由法国在一战中创造的，意即有 5 架成绩的飞行员。而在一二战之间，法国空军更是全球首支完全使用当时最先进的下单翼全金属战斗机的国家。但是就那么几年的落后，导致了法国空军在二战中，成绩远远落后于盟国的美国和英国，但饶是如此，二战法国还是产生了一大批王牌飞行员，有些虽然不是王牌飞行员，但其行动本身就能号召自由的法国人民，比如 1944 年 7 月 31 日神秘失踪，后来证明是被击落的法国著名作家安东尼·德·圣·埃克苏佩里，他笔下的《小王子》后来印量多达 5 亿册，仅少于《圣经》，作为一名战斗机飞行员，安东尼·德·圣·埃

> 德瓦丁 D520 战斗机，二战时期法国设计制造的最好的战斗机，可惜生不逢时

克苏佩里也参加了二战，《小王子》之所以能如此动人，是因为作者有大量的航空经验来为也是飞行员的"小王子"做最好的环境描述。

这些飞行员，有的以英国为基地，有的则在苏联参加对德国的打击，他们都归属于自由法国，这个原本并不被看好，甚至缺乏合法性的组织，在经过几年时间的检验后，终于成为法国的代表，而自由法国之所以被逐步承认，就是因为其下属的军事组织不断取得成绩。在一大批王牌飞行员中，首屈一指的，正是下面要讲的皮埃尔·克鲁斯特曼。

经历坎坷的爱国者

皮埃尔·克鲁斯特曼（Pierre Clostermann）1921年2月28日出生于巴西的库里蒂巴，库里蒂巴是一座非常美丽的城市，是和温哥华、巴黎、罗马、悉尼一起被联合国首批命名的最适宜人类居住的城市，有世界生态之都的美誉。在19世纪时，这里曾经是金矿的开采地，但皮埃尔·克鲁斯特曼出生在这里显然和这些有关，只是因为他的父亲是个外交官。不过，克鲁斯特曼并没有在这座城市待太久，他的中学时代是在法国本土度过的。由于对航空的兴趣爱好，在16岁时，他已经获得了私人飞机的驾照。

当一战的阴霾逐渐在欧洲扩散开时，克鲁斯特曼向法国政府提出参加空军的申请。但是却被拒绝了。也许此时他的主要任务该是读书吧。1938年，克鲁斯特曼前往美国留学，就读的学校是加州理工学院。而在这段时间，克鲁斯特曼依旧没有放弃的，还是他的航空梦，所以，当他于1942年毕业时，他已经具有了500小时的飞行经验。许多人也许会很奇怪，战争爆发时，克鲁斯特曼为何不回到祖国参战？原因很简单，法国失败得实在太快了。连当时现役的飞行员、《小王子》的作者圣·埃克苏佩里都不得不于法国战败后流亡美国，直到1943年才参加盟军在北非的作战。1942年3月，已经21岁的克鲁斯特曼大学毕业，但其并没有返回法国——当时维希政府主政，和戴高乐领导的自由法国运动争取合法性的斗争中，已经越来越趋于劣势，当维希政府刚建立时，通过收拢本土的残局以及法国在海外的广大殖民地以及当时宪法宣称的仍然是法国本土的阿尔及利亚，其维持的，其实仍然是一个庞大的帝国。而且，法国保存的有生力量极多，比如在海外尚有几千架战机，法国庞大的、位居世界第四的舰队，实力并没有损失多少（所以才有了后来英军对法国海军的进攻）——克鲁斯特曼直接投奔了自由法国运动，他去了英国，参加了自由法国的空军，在英国皇家空军（RAF）的克伦威尔基地进行了为期几乎一年的训练，于1943年1月加入英国皇家空军第341中队（皇家空军中的第340中队、341中队、342中队全部都由法国飞行员组成，之所以有这种组成，除了人员稀少，统一指挥的原因，还有一点，就是当时自由法国运动由于合法性问题，并未得到英国的正式承认，它只是一个松散的委员会），军衔是空军中士，而其座驾，则是二战中英国非常有名的"喷火"式战斗机。

在法国上空建功

参加皇家空军半年后，克鲁斯特曼终于迎来自己人生中的第一个战果，7月27日，在法国上空，克鲁斯特曼一举击落了两架非常先进的福克·沃尔夫Fw-190型战斗机，事实上，Fw-190型战斗机由于具有良好的操纵性能和较快的翻滚速度，再加上其强大的火力——两挺13毫米机枪，四门20毫米机炮或者两门20毫米机炮和两门30毫米机炮，其作战能力比"喷火"V型战机要好。

两个月后，克鲁斯特曼被调到皇家空军的第602中队，在接下来的10个月中，他执行了诸多的任务，比如对法国沿岸的战斗扫射，为轰炸德军的轰炸机进行护航，在高空拦截入侵的德国战机，封锁英国斯卡帕海军基地的上空，甚至驾驶"喷火"扫射或者俯冲轰炸在法国海岸的V-1导弹发射站。这期间，克鲁斯特曼继续扩大自己的战果。

1944年6月6日，第二次世界大战中盟军在欧洲西线战场发动的最大规模的攻击战，代号D日的诺曼底登陆终于打响。伴随着盟军的推进，当克鲁斯特曼降落在诺曼底Longues-sur-Mer附近的编号为B-11临时机场时，他成了第一个踏上法国土地的自由法国空军的飞行员。而这一刻，法国人等了居然是长长的4年。

此时的克鲁斯特曼再次加紧扩大自己的战果，他在欧洲上空再次击落了5架Fw-190型战斗机。由于突出的表现，克鲁斯特曼被授予杰出的飞行十字勋章。飞行十字勋章对于法国而言，它绝对不是一种普通的荣誉，这种始于一战的勋章，在二战中经历了太多的变化，二战时，法兰西共和国政府恢复了一战时期的十字勋章，在维希政府时期，又做了更改，而戴高乐的自由法国运动也给优异人士颁发自己版本的十字勋章，吉罗将军领导的北非也给法属

> "喷火"双机编队，即使在今天看来，该机也是一款非常漂亮的战斗机，克鲁斯特曼曾驾驶该型机

北非士兵颁发自己的勋章，而隶属于纳粹的法国志愿军团也给在东线纳粹阵营中对抗苏联的法国志愿兵颁发十字勋章。直到1944年1月7日，戴高乐领导的法国民族解放委员会才恢复了法国政府设立的战功十字勋章。一部勋章的历史，就能概括二战时期法国战局的混乱。很幸运的是，克鲁斯特曼获得的是正宗版本的十字勋章。在获得飞行十字勋章没多久，他就被调到了法国空军总部，这其实是对他的一种另类的照顾，或者说类似于休假。1944年12月，克鲁斯特曼再次回到前线，此时，他的军衔再次获得了提升，此时已经成为皇家空军的临时少尉，并加入了皇家空军的第274中队，驾驶的是新的霍克型战机，即飓风，而在驾驶这架战机时，其居然获得了"盛大查理"的称号，他能进行水平非常高的战斗机的扫射以及对德国机场的袭击，而且经常拦截Me-262喷气式战斗机，Me-262喷气式战斗机是世界上第一种实战化的喷气式战斗机，克鲁斯特曼拦截Me-262喷气式战斗机，无疑需要极大的勇气。由于其任务此时已经变成了德国境内，所以其作战任务还包括对德国铁路的封锁。

1945年3月，克鲁斯特曼又被从56中队调到了第三中队，克鲁斯特曼的任务和前段时间一样，大部分的时候依然是对地的封锁和袭击。3月24日，在一次对德国地面目标的袭击当中，克鲁斯特曼的座机被德国的高射炮击中，飞机严重损坏。在勉强用机腹降落到己方阵地后，受伤的克鲁斯特曼被紧急送往医院，在接受了一个礼拜的治疗后，"盛大查理"于4月8日开始担任英国皇家空军第3中队的指挥官，并被授予勋章。没几天，克鲁斯特曼又取得一项重大战果，在石勒苏益格海军基地上空，克鲁斯特曼击落了两架德军的Do18水上巡逻机，这成了克鲁斯特曼在二战中的最后两架成绩。

5月12日，当克鲁斯特曼再次执行任务时，由于一场罕见的飓风雨，他和队友的3架战机撞在了一起，命大的克鲁斯特曼活了下来，他的降落伞在距离地面只有不到10米的地方张开，而他的3位队友却都不走运。即使遭遇了这样的挫折，克鲁斯特曼也没有离开他所热爱的空军，后来他又被编入英国皇家空军的122中队，该中队被称为翼之队，克鲁斯特曼是中队长这一职务，直到1945年7月27日。此时，德国已经投降了两个多月了（德国1945年5月7日投降）。

"喷火"和飓风

有意思的是，克鲁斯特曼虽然取得了33架的战绩，但比较悲催的是，其取得这些战绩的工具——战斗机，没有一架是法国产的，编在英国皇家空军中参战，使用的是英国皇家空军的战机，虽然成就了克鲁斯特曼，但这个经历也如同二战法国的微缩版一样曲折。

上面已经说过，克鲁斯特曼装备的第一型战斗机就是二战欧洲历史上大名鼎鼎的"喷火"战斗机，该机是二战时期唯一能和Bf-109并列的机种，而且是和Bf-109从头打到尾的一型战机，其在二战中的产量多达20351架，虽然其性能，在航程和装甲方面不如Bf-109E，但在最大飞行速度、火力，尤其是在机动性方面，均胜过Bf-109E，其最大速度，居然可以达到624千米每小时，其中1943年的改型，最大飞行速度居然达到730千米每小时，而"喷火"的最终型号居然达到了795千米每小时，几乎已经是活塞式战斗机的极限。由于速度良好，其在战斗中往往采取一击即跑的战术，而在和德国飞机格斗时，其又发挥机动性好的优势夺取攻击主动权。"喷火"的武器是8挺7.7毫米口径的机枪或者2门20毫米的机炮和4挺机枪，而且可以外挂炸弹或者火箭弹，由于其性能优良，其可以胜任战斗机、战斗轰炸机、侦察机、教练机甚至舰载战斗机等多种类型。上面说过，在德国闪击法国时，"喷火"并没有出现，而当不列颠空战时，"喷火"战斗机几乎成了英国决心抵抗顽敌的象征，许多英国的飞行员对该型战机充满好感，他们的描述是，当你进入这架飞机时，你感觉不是走进飞机，而是像穿上一条短裤。当然了，有许多纯正主义者则认为，"喷火"之所以成为"喷火"，是因为其使用了墨林发动机，这样该机才可以具有优雅的线条、较小的体积以及能更加轻松的操作。正因为该机的优秀，当克鲁斯特曼驾驶该机时，才能如此飞快地取得成绩。如果是驾驶法国的德瓦丁D520战斗机，相对于其他法国的飞行老手，恐怕其成绩要大打折扣。

而克鲁斯特曼驾驶的第二型战机，则是以对抗德国的V-1飞弹闻名的"飓风"战斗机，说"飓风"，就不得不说"台风"，台风原本是为了替代"喷火"而研制的，但在使用过程中，发现该机在爬升率和高空速度方面并不理想，

> Bf-109 是一款非常优异的战机，在欧洲，仅有"喷火"能与其媲美

> "飓风"MKV 战斗机中队编队

尤其是在高速俯冲时空气动力特性恶化，不容易从俯冲中改出，所以在使用过程中逐步当成战斗轰炸机和地面攻击机来使用，后来，英国技术人员发现改变台风的翼形和减薄机翼可以大幅度提高其性能，于是改进后的外形和台风类似的战机，就被命名为"飓风"。而克鲁斯特曼驾驶的则是"飓风"MkV型，该型其实是战争期间唯一装备的型号，总产量为861架，该机具有4门20毫米机炮，能外挂908公斤炸弹或者8枚火箭弹。1943年6月21日首架生产型飓风走下生产线。飓风的速度比"喷火"还快，在5642米的高空，其速度可以达到685千米每小时，在V-1通常飞行的高度，即400米到600米之间，该机的速度也能达到650千米每小时，所以很容易从飞弹后部接近，然后从容击落，在装备飓风后，击落V-1的效率明显提高，皇家空军的指挥官白瑞的最高纪录居然是击落60架V-1。飓风还有一点必须要提及，虽然其性能优于Bf-109和Fw-190，在遭遇这两型飞机时，也是胜多败少，但该机最容易让人记住的是，其曾多次和德国最新式的喷气式战机交锋，据记载曾击落Me262飞机3架，而克鲁斯特曼就曾驾驶该机和Me262多次遭遇，该机

> 击落德国战机的飓风战斗机

还曾击落 Arado Ar234 喷气轰炸机一架、He162 一架。由于该机的对地性能同样优秀，所以克鲁斯特曼能取得不错的对地攻击成绩也就不难理解了。

他是击落之王？

战后，克鲁斯特曼获得了本国以及英国、美国以及比利时等国家颁发的勋章，堪称荣归故里。1948 年，克鲁斯特曼出版了自传体的小说"LE GRAND CIRQUE"，上文已经说过，由于很不错的空中技术，克鲁斯特曼被称为"盛大查理"，而作为一个名，查尔斯在英法两国都比较普遍，其意思是大丈夫.大众之子之类，安排到克鲁斯特曼头上，显然是一种褒奖，而"LE GRAND CIRQUE"，则有了另一层意思，因为"CIRQUE"有太阳、光环之意，按其意译，翻译作《击落之王》似乎更妥。那么，克鲁斯特曼对得起自传体小说里面的"击落之王"的称呼吗？

在二战中，克鲁斯特曼被法国空军统计的结果是击落敌机 33 架，其中包括 7 架最先进的 Bf-109 和 19 架 Fw-109。这两种飞机都是当时德国最先进的战机。而按照英国人的统计方法，其战果应该是 23 架或者 19 架。应该说，

> 克鲁斯特曼和他的座机，上面成排的击落标志证明他是王牌中的王牌

二战中许多飞行员的成绩都有出入，这源于各国的统计方法和个人的差异以及许多时候处于宣传的故意制造虚假数字。不过，即使是33架，其成果显然无法比过同时代盟国的飞行员，比如美国头号王牌邦格是40架，英国的约翰逊是38架，而这两位都比不过苏联的第一王牌飞行员阔日杜布，其个人成绩是62架，即使是第二名的波克雷什金，也是击落多达59架，第三名安德烈耶维奇，也不差，是56架。如果硬要这样比，英美法等三位老牌帝国主义国家岂不是都很寒碜？事实上，英美在这方面也的确是宣传自己人多些。不过，各国的作战环境不同，却是最主要的原因，比如苏联是和德国交手最多的国家，而英国，在相当长的时间里，其实只是困守孤岛，而美国，则是参战时间最晚，法国是参战时间不晚，而在战争爆发的6个星期当中，就产生了一批王牌飞行员，比如法兰西之战中的头号王牌飞行员马兰拉梅斯烈少校，短短的6个礼拜，其个人成绩就是20架。第二位的浦留博大尉（大尉来源于拉丁语，本意是头领，后来衍生成了军事长官，大尉的称谓最早出现在中世纪的法国，当时是独立军区长官的头衔，后来被许多国家所借鉴，比如俄国、日本、甚至朝鲜、越南以及尼加拉瓜、阿富汗乃至东欧诸多国家），其个人成绩也是18架。法兰西之战当中，法国最善战的 GC Ⅰ 5 中队，从5月10日打到法国全面投降，曾击落敌机71架，而己方仅阵亡一人，诞生了数名王牌。甚至连脑后长着反骨、一再反复的维希政府空军头号王牌鲁格·罗恩，其在法兰西之战的6个礼拜当中，也击落了14架德国飞机，不过其个人总成绩的7架，则是击落自盟国战机，甚至是本国——自由法国的空军，1944年自由法国随盟军一道进入法国后，其主要任务，除了收回一些D520战机之外，就是掉过头来打击那些在法国南部的当初逮捕他们的人。而鲁格·罗恩在1942年就发现"大势"似乎在盟国一边，所以突然倒戈奔向盟国，像这样有污点的王牌，显然很难进入战后法国政府的统计视野的。

而战后法国统计的前三位的王牌，分别是克鲁斯特曼中尉，33架。在苏联作战的诺曼底大队第一战队队长，使用雅克-9战机作战的阿尔贝尔上尉，其个人成绩公认是23架，而第三名的代莫才上校，其个人战绩也是23架。

如果看这些成绩，克鲁斯特曼即使是完全真实的成绩，也并不是很突出，不过，一个无法忽视的事实是，克鲁斯特曼直到1943年1月才参加战斗，而在其432次出击中，有200次基本发生在战争最后的15个月之内，或者说，在短短的两年之内，克鲁斯特曼取得了33架的成绩，尤其难能可贵的是其从国外返回一心为国空战的决心，如果从这个角度理解，其自然当得"击落之王"这个称号。根据克鲁斯特曼的回忆，其具体成绩为取得了19次单独击落和14次的合作击落的记录，这也是英国为何将其成绩统计为19架的原因。而除了这些，由于克鲁斯特曼还参加了众多的对地攻击，所以其在地面的成绩似乎同样斐然：其声称共击毁了72列德国火车（联想其总是封锁德国铁路，不难理解，只能说德国人活该），225辆德国汽车，5辆德国坦克（从其参战的时间，似乎应该是从1942年就服役的"虎"式坦克）以及2艘德国E型鱼雷快艇（该快艇虽然重量只有100吨左右，甚至没有超过《凡尔赛条约》规定的德国的军舰不能超过200吨的规定，但性能极其先进，曾让盟国非常头痛，即使是许多大舰，典型的以小吃大战术）。不过和克鲁斯特曼宣称的不一样的是，许多资料尽管没有质疑其战绩，但怀疑这33架敌机中有部分是在地面被摧毁的。

> 根据克鲁斯特曼的记录，其曾经击毁过5辆二战期间非常优秀的德国"虎"式坦克

作家、工程师、政治家、王牌飞行员和反战人士

上面说过，1948年，克鲁斯特曼出版了自己的自传体小说《击落之王》，该书的首次销量居然高达50万册，而再次翻印差不多又是50万的销量，该书以回忆形式，详细地记载了克罗斯特投军，初飞"喷火"战斗机以及参加的各种空战以及和战友的生离死别等，由于内容有扎实的生活阅历，基本依据事实编写，所以深受读者欢迎。而1951年，30岁的克鲁斯特曼又出版了他的第二本专著《空战》（Flamesinthe Sky，法语写作 FeuduCie），同样比较受读者的欢迎，虽然这两本书比不上《小王子》，但对于今日的许多作家而言，已经够其汗颜。有意思的是，《击落之王》还获得了另外一位非常有名的作家的注意，即美国有名的作家、诺贝尔文学奖获得者威廉·福克纳，福克纳称该书是有关第二次世界大战的最好的航空书。不过作为美国有名的作家，福克纳也是一个真正充满激情的人，一战爆发时，其主动前往兵站报名，想成为一名飞行员，结果被兵站退了回来，理由是身体矮小，体质羸弱，为了继续参军他又前往位于纽黑文的英国征兵站，其重新编造身份，伪造文件，作为英国人威廉·福克纳被接受了，受训于英国皇家空军，他加紧学习、训练，

> 戴高乐在领导自由法国运动初期，其实是一个极为尴尬的组织，但最终其肩负起了拯救法国的重任，并团结了太多像克鲁斯特曼这样优秀的法国人为其服务

但眼看要参战了，这位牛津大学的高材生，未来的诺奖获得者，却没有料到战争于 1918 年 11 月 11 日结束了，你说他该有多郁闷。所以，当看到克鲁斯特曼的《击落之王》，估计除了欣赏其文笔，剩下的就是羡慕克鲁斯特曼的机遇了吧。

战争结束后，克鲁斯特曼一开始的职业并不是作家，或者说他的创作基本都是在业余，作为加州理工毕业的高材生，其第一职业，其实是工程师，其参与了兰斯航空（资质很老的航空公司）的设计恢复生产工作，又参与了雷诺的原型公司的创建。如果说这够牛了，1946 年，克鲁斯特曼又玩起了政治，其于当年担任法国国民议会的议员（国会议员），并担任这一职务直到 1969 年，长达 23 年。

不过，让许多人意外的是，克鲁斯特曼再次于 1956 年入伍，为的是参加 1956 年到 1957 年的阿尔及利亚战争，上面也说过，按照法国宪法，阿尔及利亚是作为法国本土的一部分的，和法属圭亚那一样。联想到当年萨科奇在利比亚内战中的表现，失败的阿尔及利亚的经验，其实给法国人留下了非常印象深刻的记忆，利比亚的左邻，正是昔日法国的"本土"阿尔及利亚，而利比亚的部分，也曾被法国以盟国身份占领，而不得不承认的是，二战中的法国虽然窝囊，但在非洲打得真不赖。克鲁斯特曼在阿尔及利亚的主要任务，是对地打击，也是，阿尔及利亚哪来的空军让这位昔日的王牌来收拾啊？战后，克鲁斯特曼居然再次拿起笔，总结自己基于这场战争的经验。

大概是在阿尔及利亚的战争给了自己经验教训，也可能和自己在美洲待过很长时间有关，也有可能和二战时期许多仇恨英国的法国士兵一样（法国刚一宣布失败，英国的炸弹就落在了刚刚的盟友——法国的头上，而历史上，英法的矛盾其实比法德还要大），当 1982 年马岛战争爆发时，克鲁斯特曼很赞赏阿根廷人的勇气，当然了，不得不承认的一点是，1970 年代，阿根廷人曾经在法国被训练过，特别是击沉英国军舰的导弹，就是来自于法国的飞鱼。所以克鲁斯特曼公然对阿根廷的支持，引起了许多英国人的抗议，许多人还在媒体发表声讨克鲁斯特曼的文章，毕竟，英国人认为这也是一种背叛，克鲁斯特曼毕竟是自由法国的一员，而他们恢复母国的基地，正是不列颠。不过，克鲁斯特曼的声音并没有停止，当 1990 年的海湾战争爆发时，在法国的众多

> 《小王子》的作者，法国著名作家圣·埃克苏佩里也是二战中法国的飞行员，但圣·埃克苏佩里更加因为小说闻名

反战人士当中，还有一位经历了二战考验的卓越人物，这便是克鲁斯特曼。

除了如上这些，克鲁斯特曼还是国际知名的钓鱼运动员。为了表彰克鲁斯特曼，2004年6月6日，即诺曼底登陆60周年纪念的日子，当年诺曼底附近 Longues-sur-Mer 那个临时机场 B11，被以克鲁斯特曼的名字命名，此时的克鲁斯特曼已经是83岁的老人，一个不折不扣的二战老兵。2006年2月22日，85岁的克鲁斯特曼，结束了自己的生命，也结束了自己传奇的一生。

结语

二战的法国，充满了不可思议，充满了曲折，因此，也更加耐人寻味，而克鲁斯特曼一如那个时代般耐人寻味。二战已经过去许久，但留给人们思考的东西，至今仍有价值，国与国之间，的确充满着各种利益与矛盾，但该如何把握斡旋呢？一味地妥协退让，最终只会酿造苦果。对比昔日法国，一味地讲求温和，一味地妥协，换来的又是什么呢？

II

来自东线的法国第二王牌飞行员
马塞尔·阿尔贝特

在讲述二战法国第一王牌飞行员克鲁斯特曼时,笔者已经讲到,法国还在东线,即苏联和德国对阵的战线保有一支空军力量,而这支空军力量对苏联的卫国战争产生了积极的意义,而在这支法国空中力量当中,就产生了击落敌机多达23架的二战法国第二王牌飞行员马塞尔·阿尔贝特。

> 马塞尔·阿尔贝特,法国在二战东线的第一王牌飞行员

> D520 在法国战役爆发时，数量很少，但仍然打出来不错的成绩，而后来阿尔贝特也正是驾驶 D520 阵前 " 起义 " 加入自由法国抵抗组织的

暴力 13 街区出来的猛人？

看过法国经典动作大片《暴力 13 街区》的读者，肯定会对吕克贝松导演，西里·拉法埃利等主演的反映法国巴黎第 13 区"凶猛"事迹所震撼，大导演，被誉为法国的斯皮尔伯格的吕克贝松，是法国巴黎人，而马塞尔·阿尔贝特，本人的主人公，也来自巴黎，而且就是吕克贝松电影中描述的主战场——巴黎第 13 区。位于塞纳河左岸的 13 区也是个老区了，现在许多没到过这里的国人往往是通过电影来了解 13 区，作为华裔人口占 20% 的一个区（巴黎一共 20 个区），这里不但处处拥有中国特色，而且历史上，一些中国伟人也曾在这里居住。13 区是有些乱，但只是市政规划方面的原因，显然不可能是电影中的那样。而 1917 年 11 月出生在这里的马塞尔·奥利维尔·阿尔贝特，估计也是非常熟悉中国人的，因为 13 区在一战结束后，就收留了许多参加一

> 布洛赫 152S 以及莫拉纳－索尔尼埃 MS406S

战的华工。由于 13 区算不上巴黎核心地区，住的自然不是富人，那么出生于 13 区的阿尔伯特身份可想而知，他不是克鲁斯特曼那样出身上层社会，而是一个普通的工薪阶层家庭，中学毕业后，其就去做学徒，专业是冶金，也做变速箱机械师，工作的地点是西巴黎，单位是雷诺，也就是笔者上篇文章提到的克鲁斯特曼后来工作的地方，看来玩装甲车的，不单愿意在地上跑，跑一阵，就喜欢上天啊，不过，历史上雷诺除了造汽车，也造飞机，还造武器弹药，不过一战是给法国造飞机、装甲车、轻武器，发了一笔横财，而二战，也造飞机，但却是给德国人造，所以战后被法国政府惩办，工厂收归国有。

由于对航空更感兴趣，虽然当时的法国不愿重视军工的发展，但眼看战争不远，所以还是要培养航空人才，于是幸运的阿尔贝特没有和克鲁斯特曼一样，自己花钱去学习飞行，不然估计他的航空梦得下辈子了，自费学习航空是很贵的。当时，法国对于学习飞行是有补助的，于是幸运的阿尔贝特在获得政府的两项专项资金的资助下，在伊斯特尔飞行学校学习，伊斯特尔这个地方想必许多人很熟悉，没错，位于纳河口省的伊斯特尔基地是法国空军最重要的基地之一，如果你对该基地不是很了解，那么纳河口省的省会马赛，想必你一定很熟悉了，这可是法国第二大城市和最大的海港。法国去年袭击利比亚的战机，部分就是从伊斯特尔空军基地出发的。很顺利地学习完飞行，然后很顺利地拿到了飞行执照，然后又很顺利地加入了空军，这和参军经历颇为坎坷的克鲁斯特曼简直形成了最鲜明的对比。1938 年 12 月 7 日，他加入了法国空军，先后飞过布洛赫 152S 以及莫拉纳－索尔尼埃 MS406S 以及进口自美国的霍克 75 型战机。

布洛赫 152S 以及莫拉纳－索尔尼埃 MS406S

在这里必须要讲述下布洛赫 152S 以及莫拉纳－索尔尼埃 MS406S，布洛赫 152S 事实上是布洛赫 150 的改型，又有歪脖子的绰号，原因很简单，其发动机向左侧有一定程度的倾斜，作为一种全金属的轻型飞机，布洛赫 150 的研发和生产和上文讲述的 D520 一样，研发和生产极为缓慢，该机于 1934 年开始研发，为的是替换早已过时的德瓦蒂纳 D500 和莫拉纳－索尔尼埃 MS225，当时，马塞尔·布洛克飞机公司的设计师莫里斯·鲁塞尔自己出资设计了一架飞机参加法国空军部技术招标局的招标，相对于其他公司的产品，该设计有一个最大的特点是采用了风冷星形发动机，该机于 1936 年造出原型机，但由于法国航空工业突然实行国营化政策，马塞尔·布洛克飞机公司也被并入国营西南航空制造公司，于是该飞机研制工作一度陷入停顿。而法国空军部此时又对研发进度更快一些的莫拉纳－索尔尼埃 MS406 更感兴趣，虽

> Ms406 型战斗机，法国战役期间法国数量最多的战斗机，但性能实在不敢恭维

然军方对布洛赫150兴趣不大，但还是在该机大致定型后订购了25架，并下了大约450架的改良型订单，1938年8月，第一架MB-151进行了试飞，该机又做了一定程度的改进，由于此时战事逼近，该机没定型，法国政府就紧急订购了432架，1939年，布洛赫152试飞，法国政府又紧急采购，当1940年5月10日德国向西欧的荷兰、比利时、卢森堡和法国展开攻击（黄色方案）时，法国当时采装备了7个大队的MB-151/152型战斗机，其中55架151型，140架152型，布洛赫MB-151/152型，装备的是Hispano-Suiza公司生产的2门20毫米机炮以及2挺MA-C34M-39型7.5毫米机枪，不过部分151的型号由于机炮供应的紧缺，仅仅装备4挺MA-C34M-39型机枪。当战争爆发时，法国的所有战机悉数投入战场，实战中该机的缺点暴露无遗，主要是平飞速度和爬升率相比德国人的Bf-109差得实在太远，而且航程问题似乎一直都是法国飞机的问题。不过该机也有优点，那便是机动性能很好，特别适合缠斗，而且2门20毫米的机炮往往杀伤力惊人，另外，作为全金属的飞机，该机的防弹性能很好，往往中弹无数还能飞回基地，在整个法国战役当中，法国宣称用MB-151／152共击落146架德国飞机（另有34架未能确认），其中包括44架Bf-109和25架Bf-110，33架Do-17轰炸机和He-111轰炸机，而己方被击落86架。

莫拉纳-索尔尼埃MS-406也是法国战前才服役的战机，但却是当时法国拥有数量最大的战机，有多达1064架之多，该机虽然1935年即首架飞上天，却直到1937年第二架原型机试飞，不过在该机确定型号后，莫拉纳-索尔尼埃公司在战时生产能力有限的情况下，又在法国国内建立了3个制造厂来完成军方多达1000架的订单。

该机也采用收放式起落架，机身的大部分外壳由铝合金制造，后机身则仍然采用帆布蒙皮。相对于MB-151/152，该机几乎一无是处，首先，该机的发动机功率有限，所以速度很慢，虽然其是法国第一种时速突破400千米的战机，但也是进步最慢的飞机，远不像MB-152，其后来的最新改进型速度已经达到700千米/小时，而MS-406始终没有超过486千米。而在火力配置上，该机仅有1门20毫米机炮，2挺7.5毫米机枪，火力有限。唯一值得称道的是，该机容易操作和飞行。在战争中，法国飞行员明知道该机性能很差劲，却仍

> 布洛赫 MB151 型战斗机，是一款充满法国特色的战斗机，虽然速度航程有限，但机动性灵活，武器威力巨大

然迎头作战，最终击落敌机 175 架，自己却被击毁多达 400 架。由于法国军方确定的错误的战斗机标准以及错误的战术思想，莫拉纳 – 索尔尼埃 –MS406 制造了太多法国飞行员的悲剧。不过，当该机被德国人交给芬兰人时，由于其采用了俄国制造的发动机和改起落架为雪橇，其在战斗中的性能得到了极大的改进。

在本土迎接德国

阿尔贝特于 1938 年当年就从学校毕业，在获得飞行执照的同时，也成为法国空军的一名下士，其被派到巴黎北部大约 70 千米的厄尔 – 卢瓦尔省首府沙特尔担任沙特尔战斗机飞行学校的教官，虽然没有阿尔贝特当时在空军学校的具体资料，但仅凭这点，就可以证明其在学校肯定是最优秀的学员之一，而其担任教官时，也不过是 22 岁的年龄。

1940年2月，他被派往第一联队——上文讲过的法国空军王牌部队，学习驾驶当时法国最先进的D520战机，试想如果战争爆发时，其驾驶的是糟糕的MS406，将会有怎样的结果？二战开始时，阿尔贝特强烈要求被派往前线，他于5月和中队一起到了兰斯机场，而5月14日，即在战争爆发4天后，阿尔贝特就取得自己的第一架战机，他击落了一架德国的Do17型轰炸机，相对于其他型号的德国战机，Do17型轰炸机的确是一款不怎么样的战机，由于机身瘦长，居然获得了飞行铅笔的绰号。而就在当天晚些时候，他又击落了一架Bf109，不过这架成绩并没有获得承认，之后，阿尔贝特又有48次作战行动，其中一次，他还击落了一架德国的HE111型轰炸机（也没有被承认）。不过，谁也没有想到法国如此不经打，到6月22日，也就是战争爆发差不多4个礼拜的时候，法国都和人家签订投降书了，而签订投降书的地点法国的贡比涅，正是1918年11月11日德国向法国及其盟国签订投降书的地方，苛刻的投降协议的签订，希特勒不但极大地羞辱了昔日的仇敌，而且最大化地减弱了法国的力量。其实，法国空军的表现是很不错的，往往驾驶落后于德军的战机迎击敌人，但实力决定一切，整个法国战役期间，德国空军基本是彻底地摧毁了法国空军，法国在战役期间损失了1274架飞机，而作为法国的盟国，英国则损失了959架飞机（477架战斗机），所以当6月初法国要求英国空军协助法国地面部队时，此时只有25个中队的英国首相丘吉尔果断拒绝（在法国政府搬到波尔多时，丘吉尔曾经在那里和法国政府开会，而在会上丘吉尔还得到了法国海军上将弗朗索瓦·达尔朗关于法国舰队将不会落入德国人手中的保证，很可惜，法国舰队差点落入德国人手中，如果不是英国的轰炸和攻击的话），不然后面的不列颠空战，英国恐怕都挨不下去了，而法国战役期间，德国则损失了1428架战机（其中299架是意外事故），只占前线兵力的28%，德国空军完胜。在签订投降书后，法国维希政府(戴高乐原本是拒绝投降的雷诺内阁的国防部长，雷诺倒台后，其于6月17日突然乘坐丘吉尔派往波多尔的私人联络官斯皮尔斯将军的飞机偷偷前往伦敦，并在那里反对法国的投降协议，随后宣布组织自由法国运动，这也是戴高乐的自由法国运动一直被认为是非法组织的根本原因所在，不是选举出来的，也不是任命的)继续指挥境内的法国各个武装力量，而阿尔贝特以及许多法国飞行员已经被转移到了当时属于法国"本土"的阿尔及利亚。

从阿尔及利亚到直布罗陀

由于停战协定签订时，戴高乐已经联络了许多撤退到英国的原法国三军部队的成员以及许多商船船员（从敦刻尔克撤退时雇佣的以及战时从事英法运输的），但遗憾的是，直到6月底，自由法国争取到的部队，总数也仅仅3000人多一点，而且基本已经没有武装。大部分人员选择了回国，或者说，选择了维希政府，而在7月3日，还发生了英国对米尔斯克比尔法国舰队的攻击事件，而这对于自由法国运动也是一个考验，这时候，戴高乐头顶也有一顶帽子——法奸，到8月时，自由法国的部队，也不过6000多人，当然了，还有28艘军舰，不过除了一艘补给舰之外，其余都是小船。慢慢的，自由法国的空军人员也集合起来，组成了一个轰炸机小队和一个战斗机小队，陆军则组成了一个完备的旅，拥有完备的武器和辅助部队。

面对法国内部的分裂，当时法国普通民众包括士兵也是矛盾的，但许多

> Do-17Z 型轰炸机，是一款性能并不先进的由邮政飞机改进而来的德国轰炸机，阿尔贝特的第一个战果就是一架 Do-17

人眼见维希政府的无能以及对法国主权的丧失，尽管这个过程很慢，但越来越多的人选择站在自由法国一面，而阿尔贝特也一样，虽然其在阿尔及利亚已经执行了一年多的维希政府的任务，而其作战对象，正是昔日的盟友——大英帝国的空军。但在自由法国旗帜的感召下，于1941年10月14日，和其他两名飞行员一起，驾驶着法国当时最好的战机D520，类似于前线起义一样，直飞直布罗陀，许多人也许奇怪阿尔贝特为啥不直飞伦敦或者英国本土呢？其实很简单，第一，D520的航程只有1250千米，而阿尔及利亚如果直飞英国本土，航程大致在1900千米左右，D520根本飞不到，第二直布罗陀就是大英帝国的领地，当时依旧由英国控制直到今天，飞到那里，就等于到了英国。事实上，早在1940年的6月30日，当时的法国海军中将埃米尔·亨利·米塞里埃就是这么做的，当时他驻扎在马赛，当听说了停战协定后，立刻将他能找到的最有军事战略价值的货物装上货船，然后在3艘法国小型军舰的保护下，直接驶往直布罗陀，以方便将他的小舰队、货物以及本人交给英国海军调遣。而法国战败后，许多法国飞行员都采取了类似的办法，甚至在远东都一样，曾有不愿意归属维希政府指挥的法国飞行员从柬埔寨驾驶双翼机直飞中国，然后借道中国再辗转来到伦敦加入自由法国空军。

不过，阿尔贝特也没有米塞里埃中将那么顺利，当他到达直布罗陀时，他是以维希政府间谍的身份，在直布罗陀被审查了几个月后，于1942年，乘坐商船，在一艘小型护卫舰的护送下，差点被德国的斯图卡轰炸机制造点事故，才抵达英格兰，并随即加入自由法国的空军，具体加入的是英国皇家空军的340中队，座驾也换成了大名鼎鼎的"喷火"，到去苏联之前，他已经执行了47次飞行任务，不过此时的阿尔贝特并没有什么建树，也许，他只是在等待属于自己的真正的机会，也许，在直布罗陀"歇"了几个月后还需要再熟悉下业务。

到苏联去打德国人

1941年6月，当德国进攻苏联后，刚开始一败涂地的苏联，也需要来自其他国家的援助，而这时，恰恰是戴高乐动作最快，原因很简单，在德国进攻苏联前，苏联政府对自由法国的态度是，他们是戴高乐组织的雇佣军，根本不予以承认，而一旦有了共同的敌人，加速打败德国，自然有利于苏联的战胜，也有利于法国的解放，双方自然是一拍即合。同时，与苏联结盟，还能在国际上提高自由法国的国际地位，虽然英法承认了戴高乐的地位，但总是不那么情愿，更多的只是一种利用——自由法国运动的扩展，使得戴高乐收复法国海外的殖民地越来越多，手中的人员军力也越来越多。但自由法国始终没有获得一个国家的地位，比如1942年1月1日在华盛顿签署的《联合国家宣言》，有26个国家签字，包括已经灭国的波兰、荷兰、卢森堡以及捷克等，但就是没有自由法国，这使得戴高乐愤愤不平。在戴高乐传达了许多支持苏联的决定后，1941年9月26日，苏联明确表示承认戴高乐为自由法国的领袖，愿意同法国的防务委员会建立联系，一起对付法西斯国家。当然了，老牌的帝国主义都是巧妙借势，自由法国和苏联之间并非没有矛盾。

利用同苏联建立的关系，法国决定派遣一支自由法国的空军参加支援苏联东线的作战，1942年7月，自由法国和苏联协商好了有关事宜，8月17日，先期的15名自由法国飞行员组成的自由法国第三大队，在戴高乐的亲自送行下，从伦敦出发，乘坐运输机，几乎环绕了整个欧洲，经英国控制的尼日利亚、埃及、黎巴嫩、伊拉克以及伊朗，最后一段居然是乘坐卡车，才辗转到达此行的目的地，苏联的伊凡诺沃基地——其位于莫斯科东北方向250千米处，而抵达时间是11月29日，在路上他们花了2个多月的时间。而在中途，他们的座机一度有被德国空军击落的可能，当然了，如果是从英国直飞苏联，估计是十死无生。在他们出发不久，即9月1日，戴高乐致信第三大队的长官普利康，其原本是法国的北非战斗机团的司令，将该大队更名为诺曼底大队。而除了15名飞行员，在到达开罗时，又有40名左右的技术人员以及几个翻译官还有一名医生，一起前往苏联，所以在巴格达起飞时，运输机变成了3架，因为要运输62个人。当然了，对于大英帝国来说，这对其人员是釜底抽薪，所以一直试图拖住这批法国飞行员，但最终戴高乐还是将他们送到了苏联。而对于法国飞行员来说，他们没有戴高乐的政治目的，当然也不是为了捍卫共产主义，多年以后，当初的诺曼底飞行团队员约瑟夫·若斯克在他出生的法国某地的一个村庄接受记者采访时如此说：什么是政治，这是戴高乐将军

> 阿尔贝特（左一）和战友们在一起，他们身上的服装相对于在法国时厚了许多，为的是适应苏联寒冷的天气

> 这幅图看起来似乎很和谐，有姑娘们前来探望前线的诺曼底团战士们

自己的决定。而阿尔贝特在接受采访时说，我们仅仅是为了和德国战斗。阿尔贝特还批评了英国当年对待诺曼底团的态度（估计英国人在直布罗陀的举动也给阿尔贝特留下了不好的印象吧）。

由于苏联天气的严寒，于12月到达苏联的法国飞行员首先要经受住零下30℃寒冷天气的考验，然后接受的是苏式飞机的考验，1943年1月19日，苏联红军为诺曼底大队提供了第一架雅克-1型战斗机，2个月后，他们被派到莫斯科西南100千米距离的前线。4月5日，法国飞行员击落第一架福克战斗机Fw-189，取得了法国人在东线的第一个战果（这里排除了那些和德国同一阵线的法国人），而仅仅8天后，却又有3名法国飞行员长眠于此地。6月16日，担任诺曼底飞行队第一大队队长的阿尔贝特也取得了自己的第一架战果，同样是一架福克Fw-189，其座驾也是雅克-1型战斗机。7月14日，驾驶着雅克-9战斗机的阿尔贝特再次击落一架德国战斗机Bf-110，仅仅3天后，阿尔贝特一举击落2架Fw-190战机，7月19日，击落一架Ju88型轰炸机，8月31日，击落一架Ju-87型轰炸机，而在1943年的10月，他居然接连击毁德国8架飞机，当然了，这些都是经过确认的成绩，事实上，没有确认的还有更多。1944年10月，换装更加强大的雅克—3战斗机后，一个月之内，阿尔贝特再次取得了8架成绩，从1943年到1944年，大约1年多的时间，其参加了192次战斗，一共击落了23架敌机，其中包括10架Bf-109，其成绩和同样是在短短的一年内取得惊人成绩的克鲁斯特曼差不多。由于惊人的成绩，事实上的法国东线第一王牌飞行员，阿尔贝特此时已经是统率3个中队的上尉飞行员。

二战是法国的悲剧，二战也使原本可以辉煌的法国战斗机飞行员失去了创造真正辉煌的机会，许多时候，真的是没有糟糕的士兵，只有糟糕的领导，一将无能，累死三军。

诺曼底—尼曼团

可以说，诺曼底团的出现以及象征性的姿态，令德国十分愤怒，德国最高统帅部总参谋长威廉·冯·凯特尔元帅甚至在极其恼怒的情况下签署了这样一道命令：凡遇到诺曼底大队的飞行员，无论是在空中还是在地面一律射杀勿论！所以，许多被俘后原本可以被关在战俘营的诺曼底团士兵最终都被凯特尔下令枪毙。

截至1943年冬天，阿尔贝特所在的诺曼底团共击落了敌机72架（阿尔贝特占了差不多六分之一），而他们的飞行员，包括当时补充的6名，也不过20人左右。这成绩对于自由法国运动，是极大的鼓舞，可以说极大地提高了法国反抗德国的勇气。由于成绩突出，在1944年年初，诺曼底团又陆续扩充了几十名队员，而原本的3个中队也扩编成了4个。

1944年6月，苏联红军已经开始突破德国西线200千米处靠近尼曼河畔的一处营地，由于该河道十分重要，所以战斗异常激烈，而诺曼底团表现也十分优异，所以，7月31日，诺曼底团被斯大林授名："尼曼"，从此该团被改称为诺曼底-尼曼团。这是一项光荣的称呼，不过许多人没有想到的是，由于尼曼的特殊性，这使得法国人又获得了一项意外的荣誉：尼曼河发源于白俄罗斯明斯克西南部的山区，流经俄罗斯、立陶宛，河长937千米，经布莱佩达注入波罗的海，而在俄语中，德国人的意思，就是尼曼河人，因为在中世纪，德国人曾经占领过这一地区，而在第二次世界大战前，尼曼河代表德语分布地区的东部界限（德国国歌的歌词中都有体现），而事实上，尼曼河，也是三国瓜分波兰后俄国和德国的界河，所以，这一命名，对于斯大林而言，意义实在深刻。1941年夏天，希特勒从这里进入苏联，仅仅3年，他就败退回来，事实上，在希特勒之前，还有一个人也曾跨过这条河入侵俄罗斯，1812年6月，拿破仑率领50万士兵，踏过这条河，一直进攻到莫斯科，然而仅仅6个月后，1万名幸存者在俄罗斯哥萨克的骚扰下，跌跌撞撞的再次跨过这条河。跨过这条河进行侵略战争的，都注定要失败。

第二次世界大战后，生活在尼曼河地区的德国人被流放到了奥德河－现在的德国东部边界以西。斯大林授予诺曼底团的这一称呼，似乎很有为法国人找回场子的感觉。1944年8月25日，在尼曼河畔，诺曼底—尼曼团的战士奏响了马赛曲，为的是庆祝巴黎的解放。

获得苏联英雄的法国人

由于阿尔贝特突出的成绩，其于1944年11月28日，即他取得第23架战绩之后不久，被苏联政府颁发了苏联英雄的勋章，苏联英雄最为苏联授予本国杰出人士的一项荣誉，是对本人的最高褒奖，在第二次世界大战中，有总共11635人获得苏联英雄的称号，但二战中授予其他国家的公民苏联英雄称号的，却是屈指可数。苏联英雄配套的奖章包括列宁勋章和一枚金星奖章，该奖章确实是用纯度90%以上的黄金制造的（相当于22K），五角星直径30毫米，重21.5克(即使按照现在的金价，也当在5000元左右)，其背面刻有苏联英雄的字样，而金星的衬托是纯度为90%以上的纯银托架，重量12.186克，

> 诺曼底－尼曼大队队徽

> 阿尔贝特的座机雅克-3型战机,注意机身侧面的涂装,正是诺曼底团独特的标示

每枚奖章重34.264克,每枚都有编号。

二战中,阿尔贝特并非是唯一获得苏联英雄称号的诺曼底—尼曼团成员,阿尔贝特的队友雅克·安德烈以及罗兰·德·拉·普伊普还有马塞尔·利费夫三人获得这一称号,但是阿尔贝特却是法兰西空军历史上绝无仅有的苏联英雄主帅,当然了,除此之外,阿尔贝特大约还获得了苏联和法国颁发的19枚勋章,但金星勋章肯定是最特殊的一枚,因为它意味着,一个外国人,成了苏联的英雄。而在当年的12月,已经入驻巴黎的戴高乐将军则亲自前往莫斯科,为的是给诺曼底—尼曼团的战士们颁发自由十字勋章,代表着法国最高荣誉的勋章。

荣誉归来

伴随着诺曼底—尼曼团在东普鲁士战斗的结束,1945年5月9日,诺曼底—尼曼团在东普鲁士的Heilengenbeil举行了胜利庆典,随之,诺曼底—尼曼团于6月返回巴黎,而他们并不是空手返回的,而是驾驶着苏联领导人赠送的40架雅克—3型战机,而领队的,正是阿尔贝特。随即,部分队员,包括阿尔贝特,返回了战前所在部队,即法国第一战斗机团,法国战斗力最强悍的战斗机团,但仍有21人继续服务于诺曼底—尼曼团,而该团后来成了完全苏联化的部队,直到现在,苏联大概想将这种誓死抵抗德国的抵抗精神一

空战英豪：王牌飞行员的天空

> 苏联英雄勋章，黄金打造，法国诺曼底团曾经有 4 人获得苏联英雄的勋章，即金星勋章，其往往和列宁勋章一起颁发

直保存在苏军吧，遗憾的是，苏联已经于 1991 年解体，幸运的是，该团并没有消失，这就是今日俄罗斯的第 18 战斗机团。进入法国空军后，一度，阿尔贝特的职务，则是第一飞行团的团长，没多久，1945 年 10 月，他被任命为驻捷克的武官，但在那里，已经 28 岁的阿尔贝特爱上了一位美国姑娘，在 1948 年时，阿尔贝特离开了法国空军，并随即移民美国，然后和心爱的姑娘结婚，定居于美国的德克萨斯州哈林根，居住在里奥格兰德河谷，和克鲁斯特曼不一样的是，彻底退出军界的阿尔贝特选择了经商，创办了一家大型连锁酒店。

但是，俄罗斯和法国都没有忘记这位老战士，2009 年，已经 92 岁的阿尔贝特被授予法国第一飞行团的荣誉指挥官称号，而纪念第二次世界大战结束 65 周年的时候，俄罗斯也不曾忘记这位曾经的功臣，他被授予二战结束 65 周年纪念金牌，还有一箱伏特加。在接受了这个荣誉没多久，2010 年 8 月 23 日，阿尔贝特去世，结束了自己高寿的一生。

结语

阿尔贝特是法国二战空军的另外一个缩影，如果说克鲁斯特曼代表了在英国抵抗的法国精神，那么阿尔贝特则是代表了法国抵抗力量在东线的存在，虽然东线的阿尔贝特们人数始终很少，但是却表现了法国的存在，至少，在那个令法国蒙羞的年代，还有许多法国人在抵抗着纳粹的淫威。以阿尔贝特为代表的诺曼底—尼曼团，在历时差不多 3 年的时间里，以牺牲 42 名飞行员的代价，共计取得了 273 次战斗胜利，二战法国的 36 名王牌飞行员当中，有 16 名居然是在东线，这对于一支仅仅表示存在的力量而言，绝对是惊人的成绩。如果说，二战法国的惨败令法国蒙羞，那么以阿尔贝特为代表的抵抗者们，则挽回了法国失去的荣誉，自由、平等、博爱的法国三色旗，不是简单靠一句口号就能捍卫的，它必须由战士的鲜血所凝成。而功成身退，则让我们看到了另一种精神，一个英雄，必须懂得适时退出，历史，记住的就会是你的辉煌。

> 在东线，战争间隙的阿尔贝特（中间）和战友们在一起　　> 马塞尔·阿尔贝特身穿战斗服装的照片

世界上第一个黑人王牌飞行员
索维吉

第二次世界大战是一场空前激烈的战争，其影响的广度和深度以及惨烈程度，是之前所有的战争都难以相比的，但也正是如此，这场战争才涌现出了更多可歌可泣的英雄人物。空战王牌，是英雄中的英雄。二战中曾涌现出难以计数的空战王牌，比如德国的哈特曼，美国的邦格，苏联的阔日杜布，日本的岩本彻三……但相对于这些人，有许多更特殊的王牌，更不应该被人们所忘记，套用今天的时髦用语，因为他们都是励志姐、励志哥。笔者曾经写过二战中许多特殊的王牌飞行员，如英国的无腿飞行员道格拉斯·巴德，苏联的无腿飞行员阿列克谢·马拉斯耶夫，再比如世界上第一位女王牌飞行员莉莉娅·李柯娃。如果说上述几位算是比较另类的励志型王牌飞行员，但也算广为人知，那么本文要讲述的二战法国王牌飞行员罗杰·索维吉，这位很能励志的黑人王牌，却在很久的时间里，默默无闻。

从一部电影说起

1995年，美国曾经上映一部影片，名字叫做《黑色轰炸机》，反映的是美国二战期间一群黑人飞行员，如何克服种族歧视,最终飞上蓝天,又如何克服由于种族歧视政策造成的各种阻碍,最终在蓝天建功立业的故事。长期以来,由于美国在自由人权方面的自我标榜,使得我们许多人认为美国在人权保障方面做得最好,而几乎完全真实再现美国黑人飞行员参与二战那段历史的影片——《黑色轰炸机》(又叫做《塔斯克基飞行员》),却让我们得出了另外一种见解,那便是二战期间美国的黑人人权几乎是没有什么保障的:影片中那些已经通过了严格的飞行员考试,将要前往训练基地的黑人飞行员们,不得不中途下火车,原因很简单,因为被俘的德国战俘也要乘坐这列火车,而当时黑人和白人是不能共乘一列车厢的!即使是战俘,由于他们是德国白人,其地位也要比作为美国公民的黑人地位要高!随后这群未来的飞行员下车,本来车站上有饮用水,但对不起,只有白人才可以饮用,最终他们不得不倒换到另一节车厢。

> 索维吉戎装照

虽然电影的主人公汉尼拔·李想对此提出抗议,但最终却只能忍受,因为如果不这样,他将不能到阿拉巴马州的塔斯克基学院学习飞行,进而也就没有机会报效自己的祖国,而祖国却是这样对自己的公民的!

众多的黑人飞行员终于来到塔斯克基学院,不过,这其实才是他们遭受歧视的正式开始,学院的白人教员始终通过各种办法来刁难他们,甚至让他们再考一次试,原因是怀疑他们的成绩有假……在因为种族歧视牺牲了好几个优秀的学院后,他们终于可以一试身手了,他们本可以前往非洲参与战争,但是却始终得不到任务,原因很简单,那些军方的高层以及美国国会的许多议员始终认为黑人根本不适合从事飞行任务,原因是黑人在飞行时由于血液的黏度,很容易冲动,从而造成飞行事故……后来在罗斯福的夫人的亲自干预下,他们终于获得了许可,前往非洲参与战争,相比那些自由追求战绩的白人飞行员,虽然他们的战绩很少,但事实上他们的成绩是最好的,因为和那些白人飞行员一样,他们的主要任务是为轰炸机护航,而他们护航的轰炸机到战争结束,没有一架被击落,创造了美国空战史上的奇迹,所以影片中

> 塔克斯基学院1940年的照片，不过这些学员不是飞行员，而是在学习农业知识

穿插着这样的镜头——在黑人飞行员参与护航任务之前，美国的轰炸机飞行员总是抱怨，因为他们总是缺乏护航，那些护航的白人战斗机飞行员只要看到德国战机，立马就闪人，为的是创造属于自己的成绩，好成为一名ACE。而事实上，这只不过是德国人的调虎离山之计，因为随后隐藏着的其他德国战机会加紧打击美国轰炸机，面对具有速度优势的战斗机，美国轰炸机损失极为惨重，而美国黑人飞行员参与战斗后，形势立刻从根本上改观，而美国轰炸机飞行员刚开始以为是白人战斗机飞行员的功劳，跑去战斗机飞行员营地去感谢，却近乎羞辱黑人飞行员后离开，因为他们不敢相信，为他们护航的，居然是一群"黑鬼"，而随后的一系列护航任务，这些黑人飞行员证明自己是真正最合适可靠的护航队员，所以当轰炸机部队将要被调到欧洲战场执行轰炸德国的任务时，这些白人轰炸机飞行员点名要第99飞行中队（全部在塔斯克基学院培训的黑人飞行员组成）护航……

事实上，因为歧视黑人的历史原因，美国的黑人一直被排除在飞行之外，1939年，当美国政府在全国的高校开设飞行训练学校，训练预备役飞行员时，唯独黑人是个例外。而一位在哈佛就读的黑人学生一怒之下向联邦法院提起诉讼，抗议政府的这项政策违反宪法，在媒体、黑人民权运动、有色人种促进会以及许多有政治远见的军政要人的支持下，最终罗斯福责令美国陆军部于1940年组建一支完全由黑人组成的飞行部队，这最终促使了塔斯克基学院成为培训黑人飞行员的唯一地点，而这所成立于 1881 年的私立的传统黑人大学，是由一名奴隶和一名奴隶主共同努力建造的。

尽管塔斯克基于 1940 年至 1946 年共培养了 992 名黑人飞行员，其中战死或者失事殉职计 153 人，击落德国战机 109 架，其中包括 3.5 架 Me-262，对地攻击共击毁火车机头 110 个，车厢 2000 多节，450 个炮兵阵地以及一艘驱逐舰（电影《黑色轰炸机》中就有这经典的一幕），但是却没有获得公认的一个王牌飞行员。李·阿彻上尉，就是电影中汉尼拔·李的原型，曾于 1944 年 10 月成功地击落德国的第五架战机，已经成为王牌飞行员，但不久美国陆军部就将他的第一次空战成果修正为共同击落，于是成了 4.5 架。

美国黑人取得王牌战绩的步骤是如此的艰难，但由于战后美国巨大的国力以及政治影响力，李·阿彻上尉这位曾在 11 个国家执行过 169 次飞行任务的飞行员，这位战后曾在美国通用公司任高管，后来成为风险投资家，成立以自己名字命名的阿彻资产管理公司的黑人飞行员，还是经常被宣传成二战期间唯一一位黑人王牌飞行员。而事实上，本文要讲述的罗杰·索维吉，是一个成绩远在阿彻之上的王牌飞行员，因为其成绩是 16 架！当然了，罗杰·索维吉之所以能取得这么优异的成绩，的确和其自由的作战环境有很大的关系，因为其是政治开化更早的法国，而其取得战绩的地方，则是东线，在那里的法国飞行员取得成绩的环境还要宽松一点。这和电影《黑色轰炸机》中那位在加拿大作战然后回国参与培训黑人飞行员的黑人上尉一样，在美国不可能，在别的国家，还算成。

来自马提尼克的法国人

罗杰·索维吉（Roger Sauvage），1917 年 3 月 26 日出生于法国的巴黎，不过严格意义上讲，他应该算马提尼克岛人。马提尼克，对于许多国人来说可能很陌生，但对于热爱旅游的人来讲，这一位于加勒比海西印度群岛上的美丽岛屿，却是个不能错过的旅游胜地，曾被发现美洲的哥伦布誉为世界上最美的岛屿！（事实上该岛即是哥伦布第三次航行到美洲时发现的）

如果说来自南非的英联邦第一王牌飞行员摩根·托马斯·圣·约翰·帕

特尔在二战后很少被人关注,是因为二战导致南非的独立的话,那么一直属于法国,今天依然是法国的海外省的马提尼克岛的关注度则要高了许多。1502年哥伦布第三次航行发现马提尼克岛后宣布该岛为西班牙王室所有,1635年法国的殖民总督来到马提尼克岛,并和他的部下一起建立一个海港,并抵御这里的加勒比族的攻击——加勒比海即以加勒比族命名。而法国殖民总督之所以能占领西班牙的殖民地,原因也很简单,此时欧洲正在进行30年战争,而法国于1635年向西班牙宣战,1674年,法国宣布该岛为法国的领地。

而在法国开发马提尼克岛的过程中,1642年到1693年,由于可可和甘蔗的种植面积不断扩大,所以劳工的需求不断扩大,最终在法国皇帝路易十三签署了奴隶贸易的法令后,有超过一万名非洲黑奴被贩卖到马提尼克岛,这些黑人就有罗杰·索维吉的祖先。有意思的是,随着1848年法国奴隶制的废除——对不起,又比美国的废除黑奴宣言早了14年,而林肯废除奴隶制是在战争进行不下去的情况下进行的——印度劳工和中国劳工也开始进入马提尼克。而这一年,当地的居民,自然包括黑人,成为法国公民。而1946年,马提尼克成为法国的海外省,而1977年更是变成了法国的一个大区,即拥有了和法国本土的省相同的权力。

马提尼克岛不但产生了罗杰·索维吉这样的法国王牌飞行员,甚至法国皇帝拿破仑的第一个皇后约瑟芬也是马提尼克岛人,更有甚者,连路易十四的第二任妻子(不是王后,因为出身低微所以只能秘密结婚)也是在马提尼

> 美国二战期间培养黑人飞行员的塔克斯基基地鸟瞰

> 马提尼克岛是一个非常漂亮的小岛，这里不但是索维吉的故乡，而且有能使人向往的传说

克岛长大的。罗杰·索维吉尽管出生于巴黎，但他的父亲却是一位地道的马提尼克人，他的父亲作为法国军官，参与了第一次世界大战，而且死在战场，确切的说，罗杰·索维吉都没有见过自己的父亲。或许是由于出身的影响，或许是由于法国相对开放的种族政策，罗杰·索维吉一直健康成长，而其心目中的英雄，则是第一次世界大战中的法国王牌飞行员。

当索维吉 16 岁时，当时就读的是著名的以法国文豪伏尔泰名字命名的国立伏尔泰中学。由于政治环境的宽松，他还参加了该校的飞行俱乐部，所以有机会定期造访法国的奥利机场，该机场建于 1932 年，至今仍在应用，不过除了德国占领时期以及美军占用时期以外，一直是作为民用机场的。正是在那里，索维吉对飞行的兴趣更加浓厚，也学习到了更加丰富的飞行知识。

从侦察机飞行员做起

在奥利机场，索维吉不但学习到了丰富的航空知识，而且通过飞行俱乐部的训练，没多久，索维吉就实现了自己的梦想——他可以飞翔了，飞的是一架法国的侦察机，正是在这段时间，索维吉坚定了自己小时候的梦想，加入法国空军，做一名战斗机飞行员。但是，要实现这一目标并不容易。在一战后，由于对战争残酷性的认识，使得在欧洲各国，主要是在战胜的英法等国，

出现了很强的反战以及和平主义，而这也是后来绥靖政策之所以能执行的原因，和绥靖政策相配套的，是阻止国内的扩军备战，具体而言，对于法国空军来说，则是只保留了很小规模的空军，而由于航空工业的国有化，事实上法国的航空工业发展也受到了很多负面的影响。但和英法等一战的战胜国相反，这一时期的德国是撕毁《凡尔赛条约》，加紧扩军备战。

对于规模有限的法国空军，要成为其中一员，自然难度不小，正在求学的索维吉努力学习数学与工程学，同时继续提炼自己的航空知识，4年之后，也就是1937年，也就是德国、日本、意大利结成反共同盟的第二年，20岁的索维吉终于加入法国空军，进入位于斯特拉斯堡，距离德国很近的内陆港的斯特拉斯堡侦察机联队。从这里去侦察德国的动向，显然很方便。

虽然经过多年努力，索维吉终于实现了自己的梦想，成为一名法国空军士兵，但显然战斗机飞行员才是其梦想，于是，索维吉当侦察机飞行员没多久，就申请调到战斗机中队。于是，在经过一段时间的培训后，1939年，索维吉终于成为一名合格的战斗机飞行员，而其驾驶的第一架战斗机，则是大名鼎鼎的波泰631双引擎战斗机。

被自己人击落

索维吉驾驶的双发波泰631战斗机其实是波泰63一个藤上结出两个瓜的一个，因为波泰633是按照轰炸机来生产的，而在德国与法国的战斗中，曾有几百架波泰631双发战斗机参与和德国的战斗，该机最大的特点便是双发，为的是拥有超远的航程——其航程为1300千米，大名鼎鼎的"喷火"也就700千米，该机研发于1934年，主要就是针对一战中战斗机普遍"腿短"所以无法为己方的轰炸机提供全程护航而研发的，除了护航，由于其航程，其还可以深入敌境与敌方战斗机战斗以夺取制空权，除此之外，还可以携带一定数量的炸弹执行轻型轰炸机的任务。从构想上来说，这简直是一款万能战斗机，另外值得一提的是，该战斗机的火力配备异常强大，其装备有两门西班牙—瑞士公司（Hispano-Suiza，这家成立于1898年的西班牙公司，其最初的经营者是一个西班牙人和一个瑞士人，瑞士人是工程师，而西班牙炮兵上尉库阿德拉则作为经营者，两人在1902年造出了第一辆汽油汽车，也从事枪炮、飞机制造等工业）生产的20毫米机炮以及6挺7.5毫米机枪，而在机尾则还有两挺7.5毫米自卫机枪——该机有2座型和3座型，这显然又超出许多人的理解了，而其战斗机，基本都是3座的型号，因为其还可以发挥战斗指挥机的功能，即一架波泰631战斗机指挥多架单座单发战斗机参与战斗！所以该机真配得上万能战斗机的称号。不过该机的武器配置在德国入侵西欧各国时并没有几架是这样的配置，基本是两门西班牙-瑞士火炮、两挺机枪和一挺自卫机枪，但饶是如此，其仍然是战争初期乃至后期火力最强大的战斗机。

不得不说的是，在德军的战斗序列中有一款和该机非常类似的战斗机，那便是Bf-110，该机也是双发战斗机，外观和性能与波泰631几乎没啥区别，所以对双方的其他部队都造成了困惑：法德战争爆发后，索维吉也努力参战，虽然战争爆发4天时索维吉还没有取得成绩，但好歹自己和座机是安全的，但一次索维吉驾驶战机在战场巡逻时，发现了3架英国空军的"飓风"战斗机，大概是为了同盟军战友打招呼，索维吉选择贴了上去，但3架英国战机的一架却一个急转直扑索维吉，并随即用自己的8挺7.6毫米机枪同时开火，

> 巴黎附近的奥利机场，当年索维吉就是在这里进行的初级的航空知识培训

索维吉的战机立刻着火坠落，而索维吉费了好大力气，才终于从座舱中挣扎而出并随即跳伞，由于座机立刻爆炸，跳出不远的索维吉还是被气浪所震晕以至于着地时没有做任何保护动作，从而导致头部遭到重重的撞击，居然有 4 天时间失去记忆！而当索维吉醒来后才明白英国飞行员肯定是把自己的座机当成了欲对其进行偷袭的梅赛德斯 Bf-110。当然了，索维吉并不是唯一遭受这一命运的法国飞行员，他的驾驶同一型号座机的飞行员要么遭遇过盟友的打击，要么差点被己方的高炮击落……

短命的法国战役

索维吉很快恢复过来并再次升空作战，在法国战役爆发 8 天时，即 1950 年 5 月 17 日，其终于取得了自己的第一个战果，一架德国的亨克尔 He-111 双发轰炸机，大概是太高兴了，看见自己的成绩，以至于索维吉居然违背所有章程，将自己的座机降落到被击落的 He-111 双发轰炸机附近，然后自己俘虏了那两个倒霉的德国轰炸机飞行员，直到法国地面部队人员到来将两名俘虏带走！虽然是出身马提尼克岛，但法国人的浪漫情怀还是深深感染了这个黑色的马提尼克人。

一个月后的 6 月 16 日，索维吉又在图尔附近击落一架德国的道尼尔 Do-17 型轰炸机。由于强大的火力，波泰 631 几乎是把邮政机发展而来的 Do-17 撕成碎片。虽然索维吉在不断取得成绩，而他的战友们也一样，但由于法国政府的无能，战争动员的落后以及缺乏准备，开战仅仅一个多月，法军便被德国击溃，1940 年 6 月 17 日，新任的德国总理贝当宣布停战宣言，并与德国签署停战协定。而对于索维吉而言，要么投降，要么逃跑，怎么办？

和许多法国飞行员一样，索维吉先逃到了法国南部地区，那里成立了以贝当为首的维希政府，是一个当时被英美包括苏联等国际社会承认的政府，随后，索维吉和许多法国飞行员以及他们的座机被派遣到了北非，而索维吉没有被派到阿尔及利亚，而是摩洛哥的卡萨布兰卡，并一直在那里执行任务，卡萨布兰卡是电影《北非谍影》发生的地方，也是 1943 年卡萨布兰卡会议召开的地方，正是罗斯福、丘吉尔以及戴高乐还有吉罗确定了消灭德国、意大利、

> He-111 战机，索维吉第一次的战果

日本邪恶轴心的目标。

维希政府迁移战机的这一政策是对的，因为在法国本土剩余的法国空军几乎都被德国缴械，事实上，德国几乎控制了整个法国。而法国的战机，一部分被德国留用，一部分被交给意大利、罗马尼亚等"轴心国"成员，当然了，给维希政府还留下了一部分。1942 年 11 月，随着摩洛哥被盟军收复，自由法国的势力逐步控制了摩洛哥以及原法国的许多殖民地，而索维吉这一段时间则几乎没有什么作为，直到 1943 年 9 月 30 日。

加入诺曼底团

1943 年 9 月 30 日，索维吉才接到上级的命令，他可以做出如下选择，第一，可以加入英国皇家空军，因为那里有独立编制的法国空军部队，一如法国王牌飞行员克鲁斯特曼那样，要么，加入 1943 年年初在苏联建立起的由法国人组成的诺曼底团，即由自由法国第三大队为主体成立的法国抵抗部队，一如法国东线的第一王牌飞行员阿尔贝特一样。索维吉的选择是，加入条件更加艰苦的诺曼底团，1943 年 9 月 30 日，索维吉到达了阿尔及尔，即阿尔及利亚的首都（已经在 1942 年 11 月在英美的火炬行动下被盟国占领），1943 年 10 月 15 日到达了开罗，而剩下的路线，则和当初阿尔贝特前往苏联的路线差不多，1943 年 10 月到达德黑兰，1943 年年底，索维吉终于抵达莫斯科。而这比法国东线的第一支空军部队到达苏联晚了差不多一年，当然了，诺曼底团

> 法国布尔日的飞机生产线，正对着的就是一架波泰631

到达苏联初期，战斗非常残酷，6个月之内，诺曼底团的飞行员百分之八十五或死或伤，战损比例非常之高，而1944年1月6日到5月25日，索维吉主要是进行适应苏联天气的训练，毕竟对于法国人来说，这里实在太过于寒冷了。而索维吉训练的这一段时间，正是阿尔贝特为代表的法国飞行员在东线大显身手的时候，阿尔贝特的战绩，基本都是在这一时期取得的。1944年5月25日，索维吉开始参与战斗，此时距离欧战结束，已经只有大约一年的时间了，这又回到了和克鲁斯特曼以及阿尔贝特都面临过的同样的问题，即由于参战时间少的原因，他们击落的战机数量实在有限：一流的王牌飞行员除了出色的技术，优秀的个人素质以及优异的战机，后勤的保障这些因素，还有一项绝对不能忽略的要素，那便是参战的时间长短，战绩排名世界前几名的王牌飞行员，无不具有这一项条件，即参战的时间很长。而索维吉主要的战绩，就是在这不到一年的时间里完成的。

东线成长起来的黑人王牌飞行员

事实上，由于此时苏联已经取得战场的主动地位，战线已经向前推进了几百千米，而苏联空军包括已经于1944年6月改名为诺曼底—尼曼团的自由法国空军（巴黎也于当月光复），将战线跨过尼曼河，延伸到了东普鲁士，所以，当已经适应了战场的索维吉于1944年10月14日创造他在东线的第一个战绩——击落一架Fw-190，该机是二战期间德国战斗机的另一大主力，性能超过了 Bf-109，其击落的地点已经是东普鲁士。

半年没开张的索维吉似乎由第一架战绩重新找到了灵感，毕竟这距离他上一次的成绩已经过去了 4 年多，而这段时间，如果一直在作战，又将会取得怎样的成绩呢？仅仅两天后，同样是在东普鲁士，其击落了两架斯图卡 JU-87 俯冲轰炸机，这种坦克杀手曾在二战中给法国、苏联等国的坦克造成过毁灭性的打击。17 日，驾驶雅克-9 战斗机的索维吉，再次击落 1 架 Fw-190，在这里有必要说下雅克-9 和雅克-3，如果仅从编号上，许多人也许觉得雅克-9 要比雅克-3 先进得多，其实恰恰相反，虽然都是从雅克-1 改进出来的苏联优秀机型，雅克-9 和雅克-3 几乎同时推出，但雅克-3 的评价却远好于雅克-9。所以，诺曼底-尼曼团战斗所使用的战机，部分是雅克-1，绝大部分是雅克-9，而诺曼底-尼曼团归国时，已经有部分诺曼底-尼曼团的成员驾驶更先进强大、评价也更好的雅克-3，在东线，诺曼底-尼曼团驾驶雅克系列战机取得了击落 273 架德机的成绩。而东线的法国飞行员之所以在战争后期损失比例下降，就是因为他们换装了雅克-9。

1944 年 10 月 27 日，驾驶相比德军更优秀战机的索维吉再次击落一架 Fw-190，1945 年 1 月 16 日，还是在东普鲁士地区，索维吉击落两架 Fw-190，17 日，再次击落 1 架 Fw-190，而 19 日更是一举击落 3 架 Fw-190。在 2 月 9 日，则击落了 1 架 Bf-109，虽然这时的 Bf-109 已经相对于战争初期算不上太先进，但击落 Bf-109，仍是对索维吉空中生涯的最好纪念，毕竟有几个西方的盟军王牌飞行员没有击落过 Bf-109 呢？1945 年 2 月 19 日，时隔 10 天之后，索维吉击落 1 架 Fw-190，3 月 27 日，击落 1 架 Bf-109，28 日，击落 1 架 Fw-190。从此以后，索维吉再也没有击落过一架敌机。如果按照如上计算，则索维吉的战绩是 17 架，但有一架有争议，但还有别的资料表明索维吉的成绩可能是 21 架，其大约是将可能击落都计算在内。

在法文以及英文的资料中，都曾提及索维吉在 1945 年初期刚刚晋升少尉时，击落过一个德国的所谓的王牌飞行员汉斯·彼林布劳克少尉，由于当时德国在东线已经处于劣势，所以投入了更多的所谓的王牌飞行员去弥补其战绩质量方面逐渐明显显现的劣势，还介绍说汉斯·彼林布劳克的成绩是 146 次胜利，并介绍说在空战中索维吉在战斗中发现单独作战的汉斯·彼林布劳克，

> 在东线的索维吉和战友，索维吉位于第一排最右边

> 索维吉的雅克-9战机，注意飞机上击落敌机的标志，是14架，当然这仅仅指在东线的成绩

与其单独缠斗大约15分钟，两个人都想抓住机会获取胜利，最终索维吉迫使汉斯·彼林布劳克艰难的急转，就在刹那间，索维吉紧急开火，通过雅克-9的2挺12.7机枪和1门20毫米机炮，将汉斯·彼林布劳克给打了下来。

为了确证这次战斗，笔者专门查阅了二战德国战绩100架以上的所谓的王牌名单，但却没有发现汉斯·彼林布劳克少尉其人，如果说名字类似，汉斯·贝斯温格中尉和弗朗兹·约瑟夫·比林布劳克少尉两个所谓的王牌的名字组合起来，倒是刚好，也许是资料有误或搞错名字了吧，但汉斯·贝斯温格中尉的成绩是152架，而弗朗兹·约瑟夫·比林布劳克少尉的战绩是117架，两人的成绩距离146架倒是都不远，而且两人都是在东线取得的成绩，但遗憾的是，汉斯·贝斯温格中尉1943年6月3日就在东线的战场消失，而弗朗兹·约瑟夫·比林布劳克少尉则更早，在1942年11月9日就由于迫降到苏联战场而被俘。所以，即使索维吉的战绩没有什么关系，但击落的德军战机里面究竟有几个王牌，有几个是成绩上百的所谓王牌飞行员，显然需要查阅更多的浩如烟海的资料了。

当然了，无论如何，索维吉取得的总计16架的成绩，是确定无误的。更加可以确定的是，其的确是有史以来击落敌机最多的黑人王牌飞行员，而其作为，更是对那些坚持种族歧视政策，坚持白人至上政策的种族歧视主义者最大的打击。

归国，平静的晚年

1945年6月15日，索维吉和队友们一起，一路经布拉格、波茨坦、斯图加特等地，和斯大林赠送诺曼底－尼曼团的当时世界上最先进的号称最灵活的雅克-3战斗机一起，于20日回到巴黎，而其在法国空军则一直服役到1947年4月。退役后，其还于1950年4月到1968年1月担任空客公司的机长长达18年，在1956年，其还曾参加法国的立法选举。这位奋斗不止的黑色王牌，于1977年9月去世，其获得的最多的荣誉都源于东线，曾经获过法国的荣誉勋位勋章，军事奖章以及多达12枚的战争十字勋章以及苏联的许多勋章，这位来自马提尼克岛的黑色王牌飞行员，是世界上所有有色人种的楷模，因为其实实在在地证明了黑人真的并不比白人差。

> 索维吉取得战绩的主力座驾，一架雅克-9型战机，其和雅克-3真的不好区别

> 1945年的索维吉的座驾——一架雅克-9战斗机，其编号是5

13

空军决定一切
早期的飞机反舰理论

谈起飞机反舰，现在几乎是一个老生常谈的话题，先不说著名的战例，单看看各国发展的各型空舰导弹，就能明白飞机反舰几乎是一个世界性问题。然而，现在看起来司空见惯的飞机反舰，远溯到一战时期，却几乎是不可想象的事情，而利用飞机反舰的提出者，更是堪称命运多舛，为了飞机反舰，几乎呐喊了一辈子，临到死都没有获得认可。可是就像布鲁诺成了日心说的殉道者，但最终历史证明了其正确（相对的）一样，米切尔在发表了代表空军制胜观点的《空中国防论》后，不久就爆发的二战中空军的巨大作用以及巨舰大炮在面对轰炸机时的脆弱，无不为他的理论做了最好的注解。

飞机反舰产生的时代背景

飞机反舰产生的背景，无疑要从莱特兄弟于1903年发明飞机，应该说飞机反舰就具有了最起码的物质基础，但作为世界上最年轻的军种，空军的发展虽然可以用飞速、日新月异等词来概括，但直到飞机发明11年后的第一次世界大战爆发时，各国似乎还没有做好飞机参战的工作，飞机更像是一个临时抱佛脚的演员，匆匆忙忙地

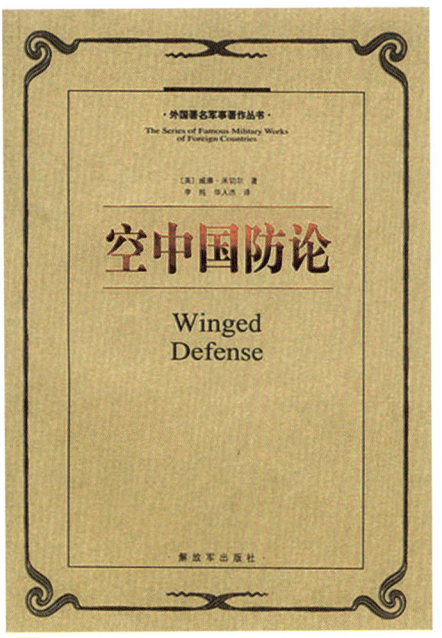

> 威廉姆·米切尔（William MitChell），空中国防论的提出者

> 在我国出版的《空中国防论》一书

走上战争舞台。一开始，飞机仅仅扮演空中侦察的角色，甚至在一战开始后的几个月里，交战双方的侦察机在空中相遇时还能颇有中世纪骑士的礼仪，互相不仅不会做出伤害对方的行为，有时候还会用手势打个招呼。

然而随着战争的发展，很快双方的敌对意识就急速上升，开始时双方用手枪在飞机上互相射击（电影《空战英豪》中主人公最后在飞机上用手枪对付德国飞行员那一招，真的有些"返祖"行为，因为此时的战斗机已经是装备了射击协调器的很成熟的了），甚至采取骑士般的碰撞战术。1914年，俄国的一名飞行员驾驶着飞机撞向一架奥地利的侦察机，想通过金属的起落架将对方撞沉，没想到双方却扣在了一起，于是双双坠毁，原来"疯狂的伊万"不但发生在海底，更早是发生在空中。很快步枪、机枪等威力更大的武器被带到了天空，往往是驾驶员开飞机，侦查员负责操纵武器。

1914年10月5日，一架法国侦察机发现一架德国双座侦察机正在侦查己

空战英豪：王牌飞行员的天空

> 美国王牌飞行员弗兰克.卢克在一战中的照片，一战中美国王牌飞行员比较少，这和他们介入战争的程度有关

方防线，于是立刻逼近敌机并用机枪开火将其击落，这被认为是世界航空史上首次将对方击落的空战。随着武器发射问题的解决，即射击协调器的发明，战斗机的概念逐渐产生，最初被命名为驱逐机。几乎与此同时，1914年8月3日，德国派飞机轰炸了法国的一座城市，飞行员用手将数十颗小型炸弹从飞机上扔下去，于是世界上第一次飞机对城市的轰炸发生了。1914年10月，俄国研制了一种装备4台发动机的轰炸机，飞机上装备有挂弹架和自卫武器——机枪。专用炸弹挂在机外弹架上，不需要再人工投掷了。1915年，轰炸机得以迅速发展，炸弹的重量也由10公斤级别发展到了300千克～500千克，到1917年时，已经有1吨重的超级炸弹了。此时，英国、法国、德国、意大利等都生产出了自己的轰炸机，到1918年时，轰炸机已经比较成熟了，最快的轰炸机时速达到180千米，飞行高度达到6000米，载弹量达到了2吨。已经有了轻型轰炸机和重型轰炸机的区分。在这样的背景下，空军制胜论和轰炸制胜论，包括米切尔的飞机反舰试验，都具备了基本的"土壤"。

一战前后的反舰理论

虽然米切尔关于飞机反舰的理论有些众人皆知的感觉，但事实上，在米切尔之前，飞机反舰理论就已经产生，而且理论发展的代表性人物，也有一个美国人，这个人便是布莱德雷·费斯科（1854-1942），不过和米切尔出身陆军不一样，费斯科出身海军。在飞机作为一种新型的力量出现后，海军也在关注这个新的力量，这种关注最终造成了另外一种兵器的出现，那便是航母，一战末期，航空母舰作为一个兵种已经产生。而之前的实验性航母更早，那便是1910年美国海军一架"柯蒂斯"双翼机从"伯明翰"号轻巡洋舰上起飞。而美国海军之所以发展空中力量，原因很简单，他们也意识到了空中力量的巨大，或者说，在米切尔之前，他们也已经进行了许多关于飞机对付军舰的试验，不过囿于技术的研制，美国进行的一些公开试验，即高空轰炸，对运动中的军舰，效果很不理想，几乎是无效的，

> 纽波特侦察机是一战美国生产的飞机，一战中美国陆军航空兵乏善可陈

于是许多国家有了利用依靠俯冲轰炸以及鱼雷机对军舰进行攻击理论的提出，而费斯科就是其中的杰出代表。

1910年，美国海军逐步开始运用航空兵，当年进行了上面所说的航母试验，之后又进行了许多次的试验。飞机起飞没有问题了，但对付军舰的效果却不理想，此时的众多技术人员，包括费斯科，由于意识到海军的飞机将成为航母的克星，所以一方面在发展海航的力量，完善航母理论以及具体器械，比如拦阻索、导航设备等，另一方面，也在提高飞机的水平，比如动力更强劲的飞机引擎，培训飞行员等。此时，发明过测距仪的堪称美国海军改革家、杰出的军械技术人员费斯科提出了一项很先进的理论，那便是给飞机装载鱼雷，建设庞大的鱼雷攻击机，该机群能用来保卫美国当时的殖民地——菲律宾。

很可惜，作为天才一样的人物似乎总会在有生之年遭遇冷遇，费斯科的理论也被他的上级束之高阁。作为一名航空理论或者说海航的支持者，费斯科并没有放弃，此后他一直致力于制造合适的鱼雷机，并支持手下进行了许多开创性的试验，包括在航母上的起飞方式等，但是正如同米切尔的理论威胁到陆海两军一样，费斯科的理论同样引起海军内部保守派的反对，所以关于海军航空兵的定位，美国总务委员会也举行过许多的听证会，在争吵声中，尤其是看到欧洲各国，尤其是英国都在发展航空母舰，所以才有了后来的"兰利"号（1919年开始改装，1922年完成改装开始服役）。当然，一战期间还有一件事情对该航母是种促进，那便是英国曾经从一架飞机上发射鱼雷击沉了土耳其的商船，这应该是世界上最早的鱼雷反舰成功案例，尽管目标只是一艘商船（这也证明了攻击军舰的浮力系统比炸弹攻击甲板更有优点，事实上后来的米切尔也有过类似的论述，尽管他只是进行了炸弹的试验，英国的百眼巨人航母在一战中原本计划采用陆基起飞的杜鹃式鱼雷攻击机，该飞机能挂载457毫米口径、重达450千克的鱼雷，可惜该机第一批上舰时，一战已经结束）。

在发展海军航空兵的过程中，在米切尔之前，美国海军就进行过反舰试验：1920年10月14日至11月1日，美国海航的飞机多次对旧战列舰"印第安纳"号进行轰炸试验，不过方式是飞机空投模拟炸弹，而军舰上放置炸弹模拟在军舰以及周围爆炸，不过此消息是在保密的情况下举行的，美国海军上层似乎对发展海航仍持反对态度，但搞笑的是，此事件被米切尔得知，而米切尔的观点是发展独立的空军，海军将只能是没落的军种，最终不甘心自己的力量受限制的美国海军上层终于明确了发展海航的决定。二战中美国航母上飞机的 TBF 鱼雷攻击机，似乎是对费斯科最好的证明。而西班牙内战中，西班牙共和政府就曾利用鱼雷攻击机来对付国民军的战列舰。

美国空军之父米切尔在一战

和许多军事理论家不一样的是，美国著名的航空先驱威廉·米切尔是一个以实践来带动理论的人。米切尔（1879.12 ~ 1936.2），美国威斯康星州人，出身一个参议员家庭，他的祖父是百万富翁、银行家和铁路大王，父亲是参议员，米切尔的受教育环境相当不错，但他似乎天生不适合学习。1898 年，美国对西班牙宣战，年仅 18 岁的米切尔投笔从戎，当时他已经是哥伦比亚大学分院（现在的乔治·华盛顿大学）的学生，但通过父亲的关系，成为威斯康星州第一志愿团的一名士兵，该团前身是米切尔的父亲内战时期加入的军队，所以很快就成为一名少尉，并前往古巴，到达之前，战争已经结束，但作为占领军，米切尔从事了自己喜欢的通讯建设工作。1913 年，米切尔到总参谋部工作，2 年后他被调到航空处当副处长，此时的米切尔对空军的未来发展和那个时代的人一样，认为航空兵应该在陆军通信兵的指挥下支援陆军作战。

1915 年，已经荣升少校的米切尔的工作就是振兴美国陆军航空兵的建设，1916 年，米切尔从事了对以后事业影响最大的工作——学习飞行，而且是自费，花费了 1470 美元，在那个时代，绝对是一笔巨资，米切尔试图让政府支付，但以失败而告终，但米切尔的花费显然很快得到了回报：1917 年 2 月，美国陆军部决定派遣一名军官到欧洲担任航空观察员一职，米切尔成为合适的人选，原因很简单，米切尔是美军中为数不多懂得飞行的人（一战爆发时，很难想象美国这样的大国只有 14 名合格的飞行员）。而这再次改变了他的命运，2 个月后，米切尔到达巴黎，成为第一名参加法国军队进攻战的美国正规军官，随即展开了对法国战场 10 天时间的实际考察，在战场上，米切尔成了第一个乘飞机跨越德国战线和第一个完成战场任务的美国军官，并荣获战争十字勋章（顺便也获得了初级军事飞行员的飞行证章）。在战场上，航空的任务此时已经变成几百架飞机更为复杂的大规模作战任务，而不是一战爆发初期的担任侦察机任务。为了执行地面作战任务，必须拥有战场上空的控制权，此时欧洲各国的飞行员已经认识到，这种对空中的控制，或者叫做制空权，不能仅靠把战斗机配置到某一空域来完成——这一崭新的军种迥异于传统的海军和陆军，它只能在空中待很短的时间，所以战术也必须迥异于之前的两个军种。米切尔到英国和法国考察时，也认识到了这一思想。

1917年6月13日，美国远征军参谋部抵达巴黎，深深地卷入了第一次世界大战。此时已经是中校的米切尔也被远征军司令潘兴任命为美国远征军的航空军官，原因和上面"出使欧洲"一样简单。此时已经对欧洲战场尤其是

> 潘兴对米切尔的重用，促使了米切尔对航空的钻研，最终诞生了伟大的《空中国防论》

空战很熟稔的米切尔很快提出了组建战术航空兵和战略航空兵的建议——战术航空兵将向每个师、军、集团军等作战单位提供侦察和战斗支援，而战略航空兵将受最高司令部直接管辖，执行深入敌国境内的突击作战任务，对付包括敌国的飞机，尤其是地面的，也包括其他值得轰炸的目标。

米切尔的建议很不错，但却很难执行，原因很简单，缺乏作战飞机，尤其是轰炸机。原本是飞机发明者的美国，此时的航空工业由于远离欧洲战场，其实并不先进。1918年，米切尔已经是上校，并担任美国远征军航空勤务队司令——这是美国航空兵的最高作战单位（航空勤务队是美国陆军航空兵的正式名称）。1918年4月，米切尔指挥许多以个人身份前往欧洲参加空战的飞行员组成的第一中队参与对德作战，效果明显，这些飞行员许多参与此战前已经是王牌飞行员了，当然了，使用的是英法等国的战斗机。但1918年5月，德国发动发动了一系列的进攻，又夺回了制空权。8月，米切尔开始指挥美国和法国的空军部队，并将这些空军部队编为3个连队，分别是驱逐机联队、侦察机联队和轰炸机连队（大部分飞机都是法国的）不久，为了协调各国的作战行动，协议由法国指挥欧洲各国的陆上军队，英国指挥各国的海上部队，美国指挥各国的空军，如果战争继续，米切尔无疑将会成为协约国空军的领导人，利用第一航空集团下辖的美法混编航空部队（49个中队）以及直接接受米切尔指挥的一个法国航空师（40个中队），9月，米切尔指挥这支空军部队发动了圣米耶勒战役，米切尔集结了1500架飞机（还包括意大利和葡萄牙的空军力量），对德军进行了很好的作战任务，既进行了空战——防止德国空军对协约国的进攻，又用三分之一的兵力有力地打击了德国的地面部队，保证了圣米耶勒战役的胜利。此战后，米切尔晋升准将，不久，米切尔指挥战机部队成为战区获胜的有力保证，到1918年，英国皇家空军也加入米切尔指挥的美国航空勤务队，到11月，一战结束时，美国的作战飞机达到740架，占协约国空军总兵力的10%。战争中，美国航空勤务队损失289架飞机和48个气球，击落德国飞机450架和50个气球（一战结束时，也就是经过一年零九个月的时间，美国尽全力去打造一支部队，有1.5万人接受了飞行训练，而且飞快的建立了系统的航空工业，确切地讲，航空工业是以汽车工业，尤其是内燃机工业为基础的。由于强大的基础工业，使得美国能很快从起点超越欧洲国家的航空工业，但一个无法更改的事实时，这一切都是一战结束时，一战中，美国使用最多的都是英法两国的飞机）。

米切尔在一战的功绩有目共睹，也为他发现空军的巨大作用做了很好的铺垫作用。战后，米切尔终于提出了著名的空中国防论以及飞机反舰的理论。

飞机反舰理论的提出

1918年12月，结束一战征程的米切尔返回美国，在返回美国的途中，米切尔就开始思考航空在一战中的飞速发展乃至演变，敏感地觉察到航空的发展，已经彻底地改变了战争的进程，同时意识到战争已经是一个整体战争，或者说立体战争将是未来战争的主要形式。当然，敏锐地觉察到这些的，不但是米切尔，也包括其他杰出的空军理论家，比如意大利的杜黑以及英国的休·特伦查德，因此他们都有共同的主张，那就是主张航空兵应该从陆军和海军中独立出来。但是，这3人又有着各自的差异：休·特伦查德在一战中曾担任英国皇家空军的参谋长，相对而言，其主要贡献，似乎都集中在对英国皇家空军的建设上，或者说实践性最强，因为早在1918年，英国皇家空军就建立了，虽然后来也遇到过海军和陆军的联合抵制，但最终，对空军的发展认识很明确的英国高层，对空军的发展始终有比较明确的认识，尽管二战前英国的空军并不是非常先进，但由于灵活的体制，很快便发挥出了巨大的战斗力。所以，这位1915年便发展出编队飞行，最早践行战略轰炸的人，最终对世界空军的发展，更主要是表现在表率作用方面，而不是理论思想的贡献以及对战略空军的高声疾呼。

相对而言，杜黑和米切尔有很多类似的地方，他们都认为空军是未来的决定性力量，但二人的命运又都很坎坷，为了证明空军至上的观点，二人都利用自己并不显赫的地位，到处宣扬自己的观点，并且著书立说，杜黑的《制空权》、米切尔的《空中国防论》都主张独立的空军，并且都认识到了战略轰炸的重要意义，认识到了空军改变了现代战争的面貌。为了宣扬自己的观点，杜黑和米切尔都不惜针砭时弊，批判本国保守的海军和陆军，为此都遭受过军事法庭的审判，杜黑曾被判处一年监禁，而米切尔原本是准将，却被变成了"永远的少校"，彻底地离开了军队。

虽然米切尔和杜黑在许多方面类似，而且都认为战略轰炸在未来的战争中具有重要作用，并认为空中力量关系到国家的生存、发展、繁荣和安全，犹如当年的美国海权论鼻祖马汉一样，但米切尔显然无法达到马汉那样的深度，但是，米切尔有自己独到的地方，那便是更富于操作性，也更加正确，这和米切尔曾经指挥庞大的空中部队有很大的关系，比如米切尔认为空军可以配属于陆军和海军来作战，但杜黑居然认为这种配属是完全的浪费，同时，杜黑的空中理论是完全的进攻，即对敌方的轰炸，居然丝毫没有考虑防空的重要性，认为防空是对己方力量的极大浪费，这显然也是错误的，一战已经证明，防空是一项十分重要的工作。同时米切尔还系统地指出了探照灯、监听站以及高射炮、截击机在防空中的重要作用，当然，米切尔只是没有料到后来会发展出防空用的雷达罢了。

同时，杜黑在空军的兵种建设方面，希望发展出一种既能战斗，又能轰炸的战斗轰炸机，所以在上世纪30年代甚至形成了轰炸机无往不胜的观点，而米切尔则指出未来天空的主力是航空兵，尽管杜黑的观点，即通过轰炸机来袭击敌人的基地的观点也被二战所证实，但毫无疑问，二战的主要天空，是战斗机的。

米切尔主张空军应该分成驱逐机、轰炸机和强击机，进而组成三大兵种，该思想在上世纪20年代是极其先进的，事实上，后来的空军基本是按照这个思路去发展的。客观地看，米切尔关于空军的定位的确有独到的地方，而且基本符合后来的事实。但米切尔的观点也颇有偏颇之处，比如认为在那个时代就能很快发展出能洲际飞行的飞机，并认为战略轰炸能很快地摧毁敌人的战争力量，这样就能很快地结束战争，不用如同一战那样牺牲大量的士兵以及战争旷日持久。但事实上，尽管他主张发展独立空军的思路以及战略轰炸的思路都很正确，其对空军的重要性，尤其是飞机反舰的强调，可以说是非常重要的理论观点，仅仅这点，就不能指责米切尔的观点无足轻重，因为事实上，二战中发生了太多的飞机击沉巨舰的战斗。但空军至上论，显然又太极端了，二战中，盟国对德国发动了旷日持久的轰炸，才最终摧毁掉德国的战争潜力，而除了空军，盟国还用了大量的海军、陆军士兵来完成战争任务，二战并不是由空军一个军种完成的。

米切尔之所以提出飞机反舰，有一个很重要的原因，那就是由于一战时期的协约国几乎是完全掌握着制海权——当时协约国掌控的海域是之前任何一个国家所不曾达到的高度，所以飞机从未被用来对付舰船，而米切尔提出这一观点，是因为其坚信，飞机反舰，能取到最好的效果。同时之前没有用飞机来轰炸舰艇，还在于确实需要一些辅助的航空器具，比如瞄准具，比如航线的建立，比如领航的方法和战术；另外，从思想方面来说，说米切尔坚信飞机反舰效果很明显，但如何确信飞机能炸沉装甲极其厚重的战列舰呢？在海军时代，一支舰队是很难完全击沉另外一艘舰队的，米切尔必须要打破当时人们固有的观念，即海军在空军面前，真的不堪一击，而我们都明白，改变一个人的观念，是一件多么不容易的事情，米切尔之所以伟大，就在于他是一位和布鲁诺类似的先驱，飞机反舰的先驱。

所以在米切尔进行伟大的反舰试验之前，其实他用了几年的时间来进行各种各样的试验来论证自己观点的可行性：第一，米切尔研究了堪称皮糙肉厚，全身布满装甲的战列舰最薄弱的地方，便是船底，因为那里往往没有装甲，而且有一个伸向外面的通水管联结着冷凝器系统，很类似于阿喀琉斯之踵。所以一旦军舰底部发生爆炸，就会产生水锤作用——水的巨大推动力能够击破船底撕开接缝并使其沉没（这一试验很类似于我们小时候潜入水中用两块石头撞击的效果，我们的耳朵中就会产生这种效果），所以，在深水中离船一定距离爆炸就会破坏船的冷凝系统以及螺旋桨和桨轴，舰船的水下可能会被整体破坏，所以必须研发最合适的炸弹以及引信，使其在水下能够引发这种效应。为此米切尔制造了2000磅的炸弹，并在水的不同深度进行试验。效果显示，如果炸弹在吃水线以下爆炸，能很快使得舰船失去平衡而沉默，如果在甲板爆炸，则会摧毁上层建筑，推倒桅杆，杀死甲板上所有的人员，甲板穿孔后可能引发锅炉和弹药库的爆炸。米切尔的这一试验是富有成效的，所以他向国会报告，我们能摧毁战列舰，这却遭到了海军部长的反对甚至说是嘲笑，海军部长甚至宣称当米切尔进行试验时，他愿意站在舰桥上，幸运的是，美国国会议员提案授权美国总统指派战列舰给米切尔做试验，所以才有了后面的故事。第二，由于在海上作战，飞机往往缺少参照物而迷失，找不到天地，好像处于一个同样颜色的球面内部，幸亏此时的美国斯佩里公司开发出了陀螺仪，使得飞机能够保持飞行方向或者平飞状态，不然找不着北的飞行，战斗效果真的不能保证；第三，由于瞄准仪的改良，使得飞机可以做很精确的炸弹投掷，使得飞机具备了对停止状态或者航行状态的舰船的轰炸，不再为目标的快速移动而困扰。第四，则是夜间飞行的问题，由于之前从未进行过夜间海上轰炸飞行，这也是一项创新，飞行员必须熟悉灯塔和救生站的标志；第五，由于无线电话的普及，使得飞机可以编队飞行，这在海上轰炸时尤为重要——米切尔后来的试验发现，编队飞行的飞机以200码的间距对军舰进行轰炸，可以确保飞机轰炸的准确性，因为后面的轰炸有了参照物，同时使得舰船即使作出蛇形机动也几乎作用不大。除此之外，人类这时对天气的研究以及天气预报，尤其是对风暴的预报，对空军也是尤为重要的，再比如海上救援等，这对失事飞行员来说尤为重要，完成了这些，米切尔的试验才堪称有必然把握。在试验中，米切尔还发现许多有趣的事情，比如气垫效应，米切尔发现如果飞机在水面上8英尺或者10英尺之内飞行时，能获得更大的升力从而使得飞机能加速，后来的气垫船就是根据这一原理发明的，而地效翼飞艇也是类似的原理，后来的阿根廷飞行员也是利用这一原理，飞快的并且能躲避雷达悄悄地接近英国谢菲尔德号驱逐舰，从而保证袭击的突然性，一举击沉该驱逐舰。

> 纽约船坞中的"东弗里斯兰"号战列舰，此时应该是德国将该舰交付美国不久，一战中，该舰多次参战，伤痕累累

举世闻名的试验

米切尔的空中学术观点，和杜黑最大的不同，即在于其依附于实践，所以更切合实际，尤其是其进行的飞机反舰试验，更是为空军的未来发展做了最好的展示。当然，这样的试验之所以能发生，实在是有深刻的现实原因的：

20世纪20年代的美国，国内舆论趋势可并不是赞成总体战这样的概念，尤其是战略轰炸更可能造成的对民众的大量伤亡，这往往被认为是不人道的，这些其实都可以理解，就像当初机枪的发明也被认为不人道并长期被许多国家排斥一样（机枪的第一次大规模的应用其实是发生在日俄战争，透过发生在远东的战争，人们才认识到机枪的巨大威力，远东的战争成为机枪普及最大的广告）。所以，米切尔的观点遭遇抵制，除了来自陆军海军的压力，还有舆论的压力，所以，米切尔必须要通过试验证明自己的观点，即空军力量，而不是海军力量是未来战争的决定性力量，空中力量能保卫美国的海岸，从而避免遭到敌人的侵略，同时从理论上强调，战略轰炸，是对敌人军事目标的轰炸，只有使用惩戒的方法时，才会考虑轰炸民用目标。为了证明空军力量可以取代传统的海军，1921年7月，米切尔在切萨皮克海湾口75英里的深海处进行了一次非常著名的试验，美国轰炸机从弗吉尼亚州的兰利基地起飞，很快便击沉了德国的军舰。

由于试验的成功，引起了世界航空先驱者的主意，比如上文提到的休·特伦查德和杜黑，各国驻美国的空军武官都搜集尽可能多的此次试验的情报。在这里需要说明的是，这次试验是一次完全模拟实战场景的试验，而且事先美国航空勤务队进行了多次的模拟轰炸，而被轰炸的4艘军舰，也非常具有代表性，分别是一艘德国潜艇U-117，一艘驱逐舰G-102，一艘巡洋舰"法兰克福"号和一艘战列舰"东弗里斯兰"号。该战列舰非常强大，它是根据德国海军上将提尔皮茨的命令，为了对抗在北海地区的英国舰队而专门设计的，这一地区可能会遇到许多水雷和鱼雷的攻击，所以该舰的水下结构非常有名，该舰底部由许多水密隔舱组成，每个舱都有牢固的舱壁，该舰底部有三层船壳，而且有很厚的装甲，所以该舰被称为"不可能沉没的舰船"。在日德兰海战中，该舰曾被许多大口径舰炮攻击，甚至两枚鱼雷击中了它的吃水线以下，但该舰居然能靠自己的动力返回港口并彻底修复，所以，能炸沉这艘军舰，对米切尔的主张而言，是最好的支持。

这些军舰之所以被放置在距离陆地如此远的地方，完全是因为海军的刁难，因为海军想通过失败的试验证明美国的空中力量肯定成不了事，之所以选择深水区域，是因为飞机投放的炸弹如果在深水爆炸，其力量显然不如在浅水中对着船底爆炸的威力巨大。另外，米切尔必须从佛罗里达州的兰利机场起飞，而这对于米切尔落后的飞机来说也是一种挑战，大战过后的美国空中力量十分薄弱——大战中发展起来的空中力量很快被裁减得几乎不值一提。但米切尔却接受了这些苛刻的条件，因为米切尔坚信这能彻底证明自己的正确。

米切尔用来轰炸的力量包括3架国外产重型轰炸机：1架英国生产的汉莱–塔基和2架意大利生产的卡普罗尼，这几架轰炸机原本是为美墨边境的巡逻而准备的，12架美国生产的马丁双发轰炸机，该机当时才生产出来，没有一点参战的经验，而轻型轰炸机则是老式的德·哈维兰，一种用来攻击鱼雷艇、运输船和轻型舰船的飞机，该飞机在遇到战列舰的高炮威胁时，可以用炸弹和机炮在近距离展开攻击，从而消除军舰队重型轰炸机的威胁。这些飞机一共有30架，被称作第一临时空军，飞机虽然质量不甚理想，但飞行员全部飞行了3年～5年，有在欧洲作战的经验，决断、组织能力等也在当时的美国甚至欧洲都是一流的。上面说过，米切尔为了此次试验，曾经准备过一种2000磅重的炸弹，事实上，那个时代，空军能使用的武器已经包括了高爆炸弹、出发水雷、毒气、各种烟雾弹、黄磷炸弹产生高温的铝热剂、空投鱼雷以及滑翔炸弹等。在经过充分的准备尤其是用模拟炸弹以及真实炸弹对模拟目标进行了多次演练后，在解决了一些具体的技术问题后，真实的试验终于开始了。

不过令试验变得无比壮观的，不是米切尔等对轰炸充满期望的人，而是充当看客的美国海军，当时美国的大西洋舰队，包括8艘战列舰，几艘巡洋舰、驱逐舰和医务船、补给舰等集体停泊在切萨皮克湾，上面几乎停满了人。1921年6月2日，第一次试验开始，目标是德国的U–117潜艇，当时位于靶区的该艇——在外海约75英里处，处于下潜状态，很快，米切尔的第一攻击潜艇编队，3架飞机以V字形编队飞过目标上空，每飞过一次，投下一枚炸弹，炸弹不是直接命中就是在潜艇附近几英尺的地方爆炸，最终投下9枚炸弹，当每枚180磅的炸弹投完时，潜艇已经断成两截，很快沉入水底。

以往，如果潜艇被舰炮击中，一般只会击中吃水下以上部分，即使炮击很准确，也只会慢慢沉没，而航空炸弹则是将潜艇炸成碎片，沉没是瞬间完成的，这给了许多米切尔的反对者以打击，他们开始怀疑自己的观点。令许多人吃惊的地方还在于，距离该潜艇1.5英里的进行打靶练习的军舰，其冷凝系统也被震坏了，所以这使得米切尔得出了这样一种想法，如果是2000磅的炸弹，该有怎样的效果？就在大家对此进行争论的时候，2天后，第二次试验又要开始了，这一次是一艘德国的驱逐舰G-102号。

由于完全模拟海空大战，所以先是18架驱逐机，分成3个小队，以不同高度飞行，以夺取制空权，由于这些驱逐机也携带了4枚25磅的炸弹，用于轰炸军舰的上层建筑、高射炮、探照灯和人员——以便清扫甲板，干扰舰船的航行，并为后面的大型轰炸做准备，然后是12架轻型轰炸机，携带4枚100磅的炸弹，按照米切尔的观点，仅仅这些飞机就能击沉驱逐舰等轻型战舰，最后是12架马丁型轰炸机，每架携带6枚200磅炸弹，也是以V型编队飞行，换句话说，这是航空史上第一次用这种方法进行攻击，这里具有大型空军的所有机种：首先驱逐航空兵对付敌方的航空兵，在战胜对方后，用机枪和炸弹攻击战舰的甲板，然后轻型轰炸机击溃和摧毁战列舰的辅助舰，如巡洋舰、驱逐舰和潜艇，最后由重型轰炸机击沉战列舰本身。这次轰炸中，飞行员阿尔斯中尉甚至将一枚炸弹直接投进了烟囱，无疑造成了锅炉的爆炸，由于多枚炸弹命中军舰的中心，很快该驱逐舰也断为两截，沉入水底。

如果说上面的试验能够证明飞机能击沉没有装甲防护的舰船，那么第三艘"法兰克福"号巡洋舰显然会改变人们的这种印象，因为该舰拥有良好的舱部装甲、甲板装甲以及水密舱。这次试验从7月18日开始，试验的步骤是每次用规定数目的炸弹攻击，目的不是炸沉，而是海军进行一次检查，看看能损伤到什么程度，第一次用100磅的炸弹，第二次用300磅的炸弹，但第三次采用的是600磅的炸弹，第一枚炸弹击中甲板，使得甲板破片居然在水面上空飞行了一英里多，几乎击中正在观察战列舰的人们，随后该舰再次受到致命打击，迅速向侧舷倾斜下沉，也很快沉入海底。

最为关键的试验是轰炸战列舰的试验：7月20日，轻型轰炸机共投下5枚1000磅的炸弹（7月15日，驱逐机就投下过许多小型炸弹，破坏了甲板设施），尽管遭遇了风暴，但是5枚炸弹仍然较好地完成任务，其中2枚在船舷附近爆炸，3枚命中甲板和船舷，引发可怕的爆炸，战列舰的碎片被抛向很远，但由于海军指挥舰发出了停止轰炸的命令，于是他们携带这5枚炸弹飞回兰利机场，当天晚上，该船严重倾斜，为此不得不在船的另一侧注入2000吨水以保持平衡。第二天，最后一轮试验，2000磅的炸药要登场了，4枚2000磅的炸弹被很快投向战列舰，当第4枚炸弹投下时，这次伟大的试验注定要青史留名了，如果说前三枚炸弹使得该舰被抛起8到10英尺的话，最后一枚则给该舰致命一击："一分钟内，'东弗里斯兰'号倾倒，两分钟时，船向船尾倾斜同时翻转；三分钟时，船底朝天，看起来像一条巨大的鲸鱼。当其向海底沉没时，水从接缝中喷出，然后船尾首先逐渐沉没。一分多钟后，只有船头顶部露在水面上，看起来好像其船尾已接触海底，好像直立在600英尺深的水中向它周围的所有姐妹战列舰致以最后的告别。"

1923年的夏天，米切尔进行了第二轮试验，这次炸沉的是美国的"弗吉尼亚"号和"新泽西"号两艘老式战列舰，试验同样非常震撼，也非常成功。

米切尔的试验甚至促使各国修改了自己的空军发展纲要，但是在美国本国，米切尔却几乎是失败的代名词，由于强大的阻力，米切尔的这些试验，并没有促使美国空军的诞生，相反，由于他自己不断撰写文章，并对不同观

> 左图为"东弗里斯兰"号战列舰，右图为切萨皮克湾被击中的靶舰"东弗里斯兰"号，1921年米切尔试验的照片

空战英豪：王牌飞行员的天空

点的人进行攻击，使得海军的人对他的挤对尤为严重，以至于最终遭到了军事法庭的审判，迫使他离开军队。退休10年后，也就是1936年，颇受摧残的米切尔离开了人世。

被证实的观点

尽管命运多舛，但米切尔的军事思想却在二战中大放光辉，首先是大舰巨炮主义在轰炸机的轰鸣声中，被彻底撕碎，其中最有名的两艘军舰，就是"大和"号和"提尔皮茨"号，而太平洋战争爆发的肇始，就是日本用偷袭的方法，利用自己独特技术的航空鱼雷，把美国太平洋舰队的许多大型军舰炸沉。这些都为米切尔的军事思想做了最好的注脚。事实证明，米切尔的观点是极其正确的，而在二战后，当英国的"谢菲尔德"号驱逐舰被阿根廷空军超军旗战斗机发射的飞鱼导弹击沉，则是对米切尔观点再一次的成功诠释。米切尔的时代，飞机反舰靠的是炸弹，而后来慢慢加入了鱼雷，再后来终于演变

> 美国空军今天是世界上最强大的空军，但在二战期间，其只是陆军的附属兵种，直到1947年才成为独立的兵种，而这是要感谢《空中国防论》的作者米切尔的

> 堪称最强战列舰"大和"号的沉没，宣告了巨舰大炮主义的结束，也宣告了空军时代的来临

成现在的滑翔制导炸弹加鱼雷加反舰导弹，甚至另一种形式的，至今还没使用过的核炸弹。永恒的是，成本依旧很低廉：当年米切尔用几艘轰炸机就炸沉了一艘庞大的战列舰，而一艘战列舰的成本，可以制造大约1000架轰炸机，空军的优势一下子就体现了出来。一枚导弹换取一艘驱逐舰，同样是非常划算的生意。当然了，最富有创意的，大概要算日本的"神风"了，这的确是一种典型的无法重复的反舰方式，虽然很变态，但不能说没有效果，除了击沉美国大量的军舰，最主要的，大概就是对美国人的心灵震撼了。

飞机反舰，已经被无数的战例所证实，那几乎就是米切尔成功的经验一再被复制。但这一切，已经和米切尔相去甚远了。1947年，美国空军在二战结束两年后才正式成立，而同年，美国国会批准向逝世已经11年的米切尔授予一枚特别勋章，米切尔的事迹才开始在经过战争教育过后的美国国民中家喻户晓，米切尔被称为站在战斗最前列的最有名望的、最杰出的近代军事家之一，并被称为美国空军之父，米切尔是对得起这一称号的。

如果要说米切尔那个时代的反舰有什么问题的话，那就是当时反舰的空中武器只有炸弹，没有使用鱼雷等，再一个则是轰炸的战术也很单薄，根本没有使用后来的俯冲轰炸等，当然了，这些都是需要时间来发展的。

14 "最划算的买卖"
飞机反舰经典战例回顾

> 珍珠港遭遇日本袭击的画作

在米切尔于1925年写出伟大的《空中国防论》的时候，许多人恐怕都无法预料到，空军是如此地改变了后来的战争形式，不但使战争变成立体的、总体的战争，而且空军巨大的作用，使得传统的陆军、海军的强势地位被改变。空军经常可以以最小的代价创造出惊人的成绩，让那些过去对空军的发展心存偏念的人最终付出巨大的代价，不过，人们接受空军，真的是一个曲折的过程，如下这些战例，就能最生动地说明。

珍珠港的鱼雷波浪

如果说米切尔当初进行轰炸机炸沉德国军舰的实验是为了证明一个巨大的事实真相,即空军能终结巨舰大炮时代,那么在他进行该实验 18 年之后,他的这一项试验终于被更大的"试验"所证实,那就是 1941 年 12 月 8 日的日本偷袭珍珠港,相对于米切尔的实验,偷袭珍珠港是更经典的教材,因为美国人这次真的被唤醒了。

1941 年美国对日本进行经济封锁,而且进行石油禁运,没有石油,日本最多只能维持半年,为了维持自己的侵略战争,日本必须对强大的美国先行下手,为此日本进行为期大半年的策划:首先,日本海军司令山本五十六与日本海军其他高层研究了进行偷袭的可能性,即成功的保密性,日本所有的航母——6 艘以及最优秀的指挥官和飞行员。

为此,日本军方进行了几个月的模拟训练,在鹿儿岛上空模拟珍珠港进行轰炸训练,珍珠港水深才 12 米,假如鱼雷攻击机按照惯例在 1000 米高度投放鱼雷,鱼雷会全部插入海底,为此日本反复练习低空低速动作,改在 20 米高度投放鱼雷,同时,对自己的鱼雷进行了改装,使其能适应低空攻击,同时日本的水平轰炸机则反复进行夜间轰炸训练。1941 年 11 月 5 日,山本五十六下达了联合舰队绝密第一号作战命令,其规定第一阶段作战不但包括

> 偷袭珍珠港的日本 A6M2 "零式" 21 型的涂装

空战英豪：王牌飞行员的天空

> 珍珠港被轰炸后的惨景

对珍珠港的袭击，还包括对马来亚、菲律宾、关岛、威克岛、中国香港和南洋等地同时进行袭击。11月17日，日本的6艘航母、2艘战列舰、2艘重型巡洋舰、1艘轻型巡洋舰、9艘驱逐舰、3艘油船以及1艘补给舰，分多路向日本的北方集结。12月3日开始进入待机海域，12月6日开始高速逼近珍珠港，12月8日（礼拜天，美国海军的休息日）凌晨到达珍珠港北部约230海里处，同时航母转变方向，以便于舰载机起飞。

6：20，日本第一波183架轰炸机和战斗机起飞，7：15，第二波日本飞机，包括54架轰炸机和78架俯冲轰炸机和36架战斗机开始攻击起飞，7：55-8：25，日本进行第一波攻击；10：00，第一波飞机返回距离珍珠港180海里的日本特混舰队；一个小时后，第二波飞机返回。13：00，日本的飞行队长与舰队司令南云讨论第三波攻击的可能性，半小时以后，日本舰队返航。

此战美国8艘战列舰，4艘被击沉，1艘搁浅，其余全部受重创，6艘巡洋舰和3艘驱逐舰被击伤，188架飞机被炸毁，数千官兵伤亡，而日本只损失了29架飞机和55名飞行员。

从战术上说，日本的此次偷袭十分成功，但由于没有发动第三波攻击，所以没有给美军造成进一步的伤害，比如美国的战列舰，5艘最后有2艘被修复，得以继续参战，如果发动第三波轰炸，很可能使得太平洋战争要晚好多年才能结束，因为第三波攻击不但对前两次轰炸进行补充，还会轰炸美国的船坞以及修理厂,包括油料库。而且美国的2艘航母由于不在港内,躲过了这一劫,所以从战略上讲,只是暂时地遏制了美军的实力,使得日本在战争初期获得了战场上的主动权。但是,作为一次成功的飞机反舰战争,奇袭珍珠港写进了所有的军事教科书,因为从那以后,再也没有发生过类似的偷袭,日本人的保密工作以及隐蔽工作,真的堪称完美无缺。

别了,"威尔士亲王"号!

1941年12月8日,日本军队在袭击珍珠港的同时,派军队在泰国等地登陆,然后越过马来亚进攻新加坡,几乎同时英国远东舰队(代号Z舰队)司令菲尔普斯中将率领战列舰"威尔士亲王"号、战列巡洋舰"反击"号以及4艘驱逐舰离开新加坡北上,为的是对日本海军造成威慑,英国海军派遣"威尔士亲王"号战列、"反击"号战列巡洋舰、新服役的"无敌"号航空母舰以及4艘驱逐舰组成的Z舰队开赴远东,但"无敌"号在西印度群岛触礁,无法加入Z舰队。没有航母或者说空中掩护的英国远东舰队于12月4日到达新加坡后,却还是一直北上寻找战机,即寻找日本的南遣舰队,该舰队的司令是小泽治三郎——后来的日本最后一位联合舰队司令——手里没有几艘像样军舰的小泽很着急,于是想利用自己的专长——小泽和南云一样,都是鱼雷专家,妄图发动雷击战来改变可怕的战争局面,同时竭力保证支援对陆作战的运输船队——小泽首先想到的也是海军对海军的堂堂战阵对决。很可惜,英国远东舰队在海上晃荡了4—5天,却一直没有发现日本人的目标,或者说没有和小泽遭遇,反而由于12月9日下午3时日本潜艇的发现而即将遭受类似于6个月前英国皇家海军追捕德国海军的"俾斯麦"号战列舰一样的"围猎"——日本又派遣了7艘巡洋舰和2艘战列舰组成的编队南下寻找英国远东舰队,伺机进行战斗,但9艘军舰组成的近藤舰队并没有赶上,因为距离实在太遥远了。

日落前,英国远东舰队再次被发现,这次是1架日本侦察机,但由于夜幕降临,日军已经无法实施攻击。而英国远东舰队原本应该返回新加坡的(此时的新加坡港也遭到了攻击,英国皇家空军的战斗机损失殆尽),但却得到

> "威尔士亲王号"在太平洋上没有发挥任何作用就被日本海军的陆上攻击机击沉

错误的消息,即日本已经占领了关岛,错过了返回基地的时间,也使得其没能遇上日本的海军舰艇,11点45分,再次被1架日本的侦察机发现。于是等待不及舰队围猎,或者说原本期待堂堂战阵的日本军方派出了早已经等候多时的85架飞机,包括59架九六式陆攻机(25架装备九一式鱼雷,24架装备500公斤的炸弹)和26架一式陆攻机(全部装载鱼雷)开始了疯狂的轰炸行动:

仅仅2小时,尽管"威尔士亲王"号和"反击"号以及4艘驱逐舰进行了疯狂的对空炮火,但如同雨点般洒落的鱼雷重点照顾这两艘大型军舰,使得这些军舰根本无法做到完全躲避,尽管他们躲过了许多鱼雷的攻击,最终还是很快被击沉,其中"威尔士亲王"号前后被6枚鱼雷击中。而日军仅仅损失了3架飞机,堪称用最小的代价击败了最强大的敌人。

这场被称为马来海战的战斗几乎是在毫无悬念的情况下发生的。"威尔士亲王"号是英国二战期间最强战列舰之一,该舰于1937年开工建造,1939年下水,1941年3月31日才完工,标准排水量是3.5万吨,是完全按照伦敦海军公约而建造的,可以说是一艘崭新的军舰。然而在没有空军掩护的条件下,再强的战列舰也是不堪一击的。马来海战被认为是航空兵以航行中的战列舰为对手并将其击沉的首次战例,在世界海军发展史上占有重要的地位,当然了,这更能形象地说明米切尔的观点,大炮巨舰的时代真的过时了,遗憾的是,制造了这一奇迹的日本后来却陷入了自己制造的怪圈，自己的战列舰也遭受了同样的命运，而且更悲壮。

天谴"大和"

如果说二战初期日本海军和空军利用自己在太平洋上的优势，把传统的海上强国英国、美国、荷兰打得满地找牙，那么到了战争后期，则基本是找不到北并失去空中优势的日本海军被英美狂揍，而其中最具"悲壮效果"的战斗，莫过于当时世界上最强大的战列舰"大和"号和"武藏"号的沉没。

1937年，日本制定了03舰艇补充计划，为的是建造2艘"大和"级战列舰，"大和"号1937年11月4日开工，"武藏"于1938年3月29日开工。由于伦敦海军公约的限制，在建造过程中，这两艘战列舰都是在严格保密的情况下进行的，日本人的保密工作真的做得很好，后来的珍珠港事件也一样。因为美国到1942年，也就是大和舰已经交付使用大半年后才拍到大和的照片，大和舰于1941年12月16日，也就是珍珠港事件后的8天下水的，联想起来很有意思，日本人用飞机对付别人的战列舰，却又对自己的战列舰给予了无穷的希望。

"大和级"战列舰标准6.9万吨，满载排水量是7.5万吨，仅仅装甲钢就达到了21266吨（由于装甲是如此厚重，舰身装甲可以抵御460毫米口径火炮在2万～3万米距离上的打击，而事实上，二战装备460毫米口径舰炮的只有日本一家，其他的火炮，口径根本不能和日本相比，比如德国最大为403毫米，英国最大为406毫米，美国也一样，法国和意大利最大才380毫米。不仅如此，"大和级"中甲板也能抵御800公斤重型炸弹的轰炸，而其炮塔正面装甲的厚度是650毫米），武器系统就达到11611吨，460毫米口径的主炮的后坐力居然是8000吨，仅仅携带的重油就达到了4210吨，饮用水也达到212吨，真的是前无古人，后无来者。"大和"号和"武藏"号真的是拥有最强的火炮、最强的炮塔、最强的舰体防护、最强的侧舷装甲、最厚的弹药库舰底装甲和双层防雷过滤舱的"无敌战舰"。

"大和"号服役后不久，就作为联合舰队的旗舰来使用，虽然威力巨大，

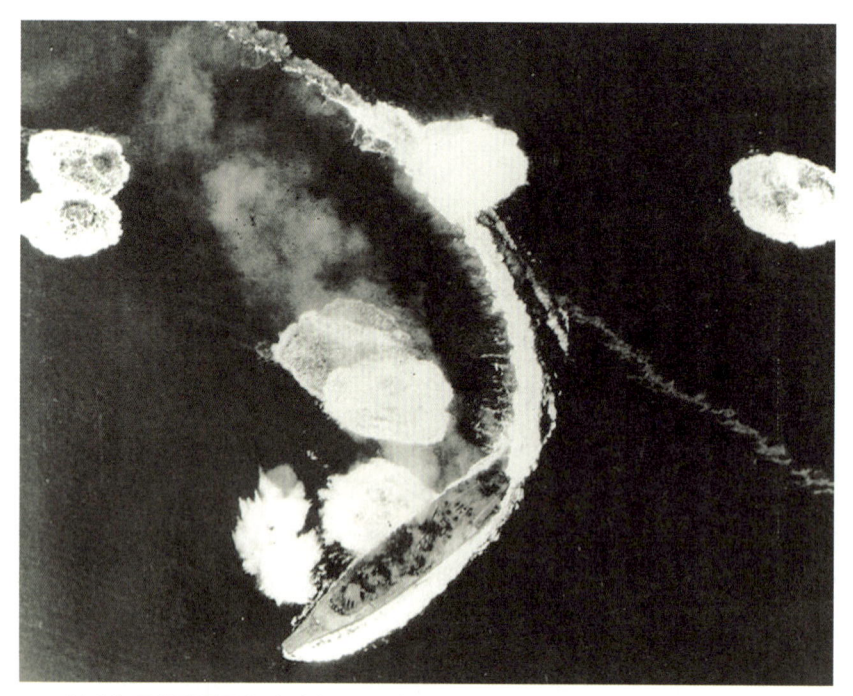

> "大和"号战列舰规避飞机轰炸所留下的轨迹

> 日本"大和"号战列舰

但真的生不逢时，由于此时战列舰的地位已经开始被航空母舰所取代，所以大和舰被认为是此时日本为数不多的王牌而不允许轻易使用，大和服役5个月后，居然被许多日本航母编队的军官耻笑为不是联合舰队，而是联合旅馆，尽管大和舰被历史记载参与了中途岛海战，但并没有直接参与海战。1942年8月"大和"号曾护航日本航母到特鲁克岛支援所罗门群岛附近的战事，半年后，就返回日本本土进行维修，而旗舰的任务，被刚服役不久的同级舰"武藏"号代替。1943年12月25日，"大和"号战列舰曾经在特鲁克岛附近遭到美国潜艇的鱼雷攻击，为此不得不返回日本大修。

1944年6月的马里亚纳海战中，"大和"和"武藏"号都被编入机动部队掩护航母作战，真的是英雄无用武之地。1944年10月的莱特湾海战中，"武藏"号和"大和"号在菲律宾锡布延海域遭到美国飞机的轮番多次攻击，原因很简单，两艘舰巨大的舰身是轰炸机最好的目标，只是"武藏"号太倒霉，被19枚鱼雷和17枚炸弹击中沉没。大和舰尽管遭遇多枚炸弹的袭击，但也仅仅是受伤，半年后，即1945年4月7日，"大和"号作为第二舰队旗舰开赴冲绳群岛海区，企图对登陆盟军进行自杀性特攻，途中在日本九州岛鹿儿岛西南海域遭到美军航空母舰舰载机群集中攻击，当时美军共进行了386架次飞机多波次的攻击，被10枚鱼雷以及24枚炸弹命中，倾覆过程中发生爆炸沉没。

"北方孤独女王"的葬礼

如上飞机反舰的战斗，几乎都发生在太平洋战场，而实际上，在大西洋战场，同样也发生了惨烈的海空大决战，而海面上的主角是德国名舰"俾斯麦"号的姐妹舰——"提尔皮茨"号。

说起来，"提尔皮茨"号的命运和"大和"号一样悲惨，它于1939年4月1日下水，1941年2月25日服役，比大和舰服役时间还要早，其标准排水量是4.29万吨，满载排水量5.29万吨，虽然无法和日本的"大和"舰相比，但的确是那个时代最好的战列舰之一，绝对可以排在前三（吨位火炮等方面比美国的"衣阿华级"差些，"衣阿华级"战列舰标准排水量4.5万吨，满载

> "提尔皮茨"号战列舰的模型

> 兰开斯特轰炸机,二战英国轰炸机的绝对主力,居然需要挂载 5 吨重的炸弹来对付"提尔皮茨"号,"提尔皮茨"号的质量可见一斑

排水量 5.8 万吨；舰体最厚装甲达 430 毫米）。

"提尔皮茨"号的战斗思想原本是攻击盟军的商船队，这是二战德国的标准战法，因为德国海军缺乏和英美等国海上对抗的实力，其战术思想就是通过打击地方的战争潜力来迫使对方投降。但是，由于"俾斯麦"号被英国海军的击沉，且德国水面舰艇攻击盟国的商船不是很顺利，所以希特勒丧失了对德国水面舰艇的信心，和"大和"号一样，"提尔皮茨"号被限制出击。所以，"提尔皮茨"号在二战中也和"大和"号一样，几乎碌碌无为，所以尽管"提尔皮茨"号一直被限制行动，但英国军方和美国军方，都制定了许多次的打击计划，志在使其沉没，如英国先后制定了"水源行动"，1943 年 9 月，英国采用袖珍潜艇到挪威的港口，尝试炸沉"提尔皮茨"号，但仅仅使得"提尔皮茨"号修理了几个月而已。"钨行动"，1944 年 4 月，英国派遣了庞大的航母编队，包括 2 艘战列舰、2 艘攻击航母、5 艘护航航母、2 艘巡洋舰、16 艘驱逐舰以及 2 艘油轮，结果使得"提尔皮茨"号再次遭到打击，但并不致命，只是再次进了维修船坞。在这之后，英国又先后制定了"行星""腕力""虎爪""福神"等行动以及"古德伍德"系列行动，"扫雷器"行动等，但"提尔皮茨"号似乎一直苟延残喘，直到 1944 年 11 月 12 日的"问答集"行动。

这次行动中，英国皇家空军第 617 中队以及第 9 中队的 29 架四引擎兰开斯特轰炸机携带一种被称作高脚柜的超级炸弹——该炸弹重达 5433 公斤，堪称原子弹之前的终极武器，这一次，"提尔皮茨"号不再走运，旧伤加上这次超级炸弹的威力——这次它被 3 枚高脚柜炸弹击中，其中一发擦炮塔防盾而过，没有造成致命伤，但另外两枚炸弹穿过了"提尔皮茨"号的装甲，并在舱内引发了弹药库的爆炸，炸药库的爆炸甚至导致 C 号炮塔被炸断，最终"提尔皮茨"号在这 3 枚炸弹的打击之下迅速沉没，军舰上的 1700 人，差不多 1000 人阵亡。

历时 3 年，英国皇家海军航空兵和皇家空军一道，先后出动了 600 多架次飞机，对它进行了 13 次大空袭，才将这艘号称"北方孤独女王"的战列舰击沉。而在"提尔皮茨"号建造的过程中，其造船厂，威廉港海军造船厂就遭到空袭多达 1042 次，投下约 670 吨炸弹，所以，作为"俾斯麦"号的姐妹舰，"提尔皮茨"号直到 1941 年 2 月 25 日才服役，而这时，下水仅仅比它早 2 个月的"俾斯麦"号，已经服役了半年多了。但由于"提尔皮茨"号成功地牵制了太多的英国兵力，又不得不说贡献很大，不然德国的其他部队，日子将会非常难过。

事后，在分析"提尔皮茨"号被炸沉的原因时，主要归结为纳粹空军没能及时拦截英国皇家空军的轰炸机，所以"提尔皮茨"号驻地的德国空军指挥官被判刑3年。是啊，如果德国拥有制空权，"提尔皮茨"号也许还能坚持下去，问题是，二战就是空军的时代，没有制空权，再强大的海军和陆军都注定要遭遇失败。

飞鱼，飞鱼

二战后，飞机反舰的故事消沉了很长一段时间，原因很简单，由于冷战的作用，很长一段时间内，世界处于相对和平的阶段。然而，1982年的马岛海战，却使得全世界为之一振，目光齐聚马岛，因为原本弱小的阿根廷空军，居然仅仅用1枚飞鱼导弹，就打败了英国的"谢菲尔德"号驱逐舰，而随后阿根廷空军的出击，更是击沉了英国的"考文垂"号驱逐舰，"热心"号、"羚羊"号护卫舰和"大西洋运输机"号运输舰等10余艘战舰以及辅助舰船。

1982年，由于一块海上领土——马尔维纳斯群岛，或者说英国所称的福

> 阿根廷空军的"超军旗"攻击机，在英阿战争中为阿方立下汗马功劳，也挽回了阿根廷的面子

"最划算的买卖" | 飞机反舰经典战例回顾

> 马岛战争时期阿根廷战机攻击英舰

克纳群岛，大不列颠帝国多年不开动的战争机器，立刻组成航母特混编队杀向马岛，连本文要讲述的主角之一——"考文垂"号，也在匆匆结束对中国的访问后，立即赶往大西洋地区集结。此时，英国的航母特混编队以及第二两栖特混编队以及第三潜艇特遣队均已进入相关海域，随着英国收复南乔治岛以及英国的核潜艇征服者号于5月2日下午3时57分，用自1925年服役的3枚800磅弹头的8号鱼雷击沉了珍珠港事件中幸存的"贝尔格拉诺将军"号巡洋舰后（该舰目前是世界上第一个也是唯一一个被核潜艇击沉的军舰），双方的矛盾激化到不可调和，战争才算正式开始。

两天后，即5月4日，阿根廷的"海王星"式海洋巡逻机捕捉到英国航母特遣舰队的信号，于是2架超军旗攻击机从火地岛起飞，在接受阿根廷空军的KC-130H加油机加油后，2机即贴着浪尖以超低空靠近英国特遣编队，当处于50英里时，跃升执行雷达搜索并立即返回低空，在20英里~30英里时发射所携带的飞鱼导弹。

其实在超军旗攻击机发动导弹攻击之前，"谢菲尔德"号驱逐舰的同行舰"格拉斯哥"号驱逐舰与另外3艘雷达警戒舰即捕捉到超军旗的第一次跃升，并立即将消息通报给了"无敌"号航母上的舰队防空指挥所，然而，这条消息没有获得重视，第二次超军旗跃升时，英国军舰上的电子警戒装置接收到了飞鱼导弹上寻的雷达所发射的信号，然而，"无敌"号再次将其判断为误报，所以当"谢菲尔德"号发现来袭导弹的尾迹时，已经没有反制时间。飞鱼导弹击中了"谢菲尔德"号的舰身中段。尽管弹头引信未能启动，但大火却一发不可收拾！造成了20死24重伤的伤亡。"谢菲尔德"号在数小时后被弃船，弯曲变形的残骸却持续漂流燃烧了六天之久！

阿根廷空军之所以能击沉"谢菲尔德"号军舰，有如下几点原因：第一，早在5月1日，在阿根廷空军对英国发动大规模的36架飞机组成的袭击中，阿根廷飞行员已经发现借由藏匿在地面杂波中就可以躲避雷达跟踪，最后瞬间爬升再进行以对抗现代军舰的技术；第二，阿根廷军事素养尽管不是很高，但阿根廷空军，尤其是超军旗的驾驶员都在法国进行过系统的培训；第三，在开战前，阿根廷曾从英国人手里购买了2艘42型驱逐舰，即"谢菲尔德"号的同型舰，对该舰的性能很熟悉，阿飞行员以这2艘驱逐舰为假想敌，进行了一系列攻击训练，并总结出了一整套反舰战术，所以这套技术简直是量身定做；第四，"谢菲尔德"号驱逐舰是英国"偷工减料"的驱逐舰，吨位才3500，壳体材料缩水很多，经受不了剧烈打击；第五，飞鱼导弹的可靠性能，这次袭击尽管飞鱼不是直接击沉英舰，但5月21日、23日核5日，阿根廷空军用飞鱼导弹以及其他炸弹等先后击沉英国的"热心"号、"羚羊"号、"考文垂"号和"大西洋运输者"号运输舰，却形象地说明了该导弹的性能，所以英阿马岛战争使得飞鱼导弹一举成名。当然，如果不是阿根廷空军的许多炸弹过期而没有爆炸，英国的损失会更严重。用2万美元的导弹换取2亿美元的驱逐舰，实在是一单非常划算的生意。

结语

马岛战争已经结束近30年,到目前为止,虽然没有再发生飞机反舰的战事,但飞机反舰技术却仍在飞速进步,当然了,和过去不太一样的是,由于技术的发展,空军的装备也越来越昂贵,比如一架F-22战斗机,成本居然能达到2.5亿美元,未来的飞机反舰,将会以更加不一样的姿态,呈现在世人面前。

15 美国华侨的航空救国之路

1937年7月17日，在"卢沟桥事变"之后，当时的中国，可用于作战的飞机，仅约300架（当时的日本装备有作战飞机2100多架，而且都是国产，可以随时增产，另，抗战中，光各地华侨就捐机217架，可装备5个空军师）。由于有数量的差距，所以虽然抗战初期的中国空军奋力战斗，而且取得了非常不错的战绩，但总之是缺乏自产战机能力的中国空军越打越少，第一批苏联援华空军为中国空军提供了一大批苏联产的当时世界上最优秀的I-16战机以及I-152、CB-2、TB-3等其他苏制战机，数量大约有400多架，组建了两个整编战斗机大队和两个轰炸机大队，有力的支援了中国的抗战事业。

人才储备：美国华侨的预备抗战事业

中国虽在近代国力大幅落后于西方国家，但在航空领域却着手很早，颇有成就，提起中国最早的航空事业，大家一般都会想起孙中山先生，而中国人创办的最早的航空学校，便是1915年中华革命党在日本创立的中华革命党航空学校，而一年后，孙中山先生又命令中华革命党美洲总支部林森在美国创办航空学校，地点在加州的

> 在美国的华侨在完成飞行训练后，要归国参加战斗前的合影留念

红木城西，学校设有驾驶、建造、机修三科，受训的华侨青年后来成为中国近代航空的中坚人物，比如杨仙逸，张惠长、蔡司度、叶少毅等。

而创办于1924年的广东航空学校虽然是国共合作的产物，但教官方面，除了初期的两位德国人，其他基本都是华侨，都是在美国学习后回国服务的，而且即使是学员，不少也是从美国和南洋归国的华侨青年，1933年时，该校甚至专门开设了华侨班。

创办于1922年的云南航空学校，是唐继尧于1921年在川滇战争失败后逃亡到广东，看到广东的华侨航空活动让他打开眼界，于是就地取材，网络了一批广东华侨航空技术骨干创办而成，1822年秋，唐继尧率部重回昆明，随即从中国香港购买美国飞机，在昆明巫家坝开辟机场，成立航空处，下辖两个飞行队，共有6架飞机，第二飞行队是美国华侨张子璇，在此基础上，唐继尧创办了云南航空学校，云南航空学校创办初期主要师资力量依然是华侨，但由于云南是法国的势力范围，所以法国人逐渐掌握云南航空大权，故华侨航空人才相继退出，值得一书的是，云南的讲武堂培养了朝鲜的人民军总司令崔庸健元帅，韩国的第一任总理李范奭，而可以视之为云南讲武堂分支（云南航空学校学业就在讲武堂完成，学生需先读半年的步兵科，然后再转读航空专业，毕业证是云南讲武堂颁发）的云南航空学校则培养了韩国空

> 1935年，借着订购He-111A-0轰炸机的机会，广东空军选派了包括陈瑞钿在内的一批优秀飞行员前往德国学习现代空战技术，这些地方军阀的空军力量后来都成为中国空军的一部分，为抗战做出了重要贡献

军之母权基玉（曾在中国空军部队服役20年，日本投降后回到韩国，曾担任韩国空军参谋长，事实上是韩国空军的创办人，韩国空军司令崔沧石也曾在中国军队服役），以及中国的第一批女飞行员夏文华、尹月娟、吴琼英以及李若芝等人，可谓开风气之先。云南航空学校招收四届学生，培养飞行员达70余人，培养维修人才130多人，而云南航空学校与东陆大学，即后来的云南大学又颇有渊源，而云南大学航空系则是后来北京航空航天大学的前身。

1931年10月，美国的华侨又创办了美洲华侨航空学校，该校位于美国俄勒冈州的号称玫瑰之城的波特兰，虽然当地华侨人数大约2000人，但热衷于航空救国的华侨青年并不少，1930年，当地就有8名华侨青年毕业于美国的亚卡斯航空学校，而1931年又发生了日本侵占中国的"九一八"事变，当年10月10日，当地华侨举行中华民国的国庆集会，而民国元老黄兴的夫人徐宗汉此时在美国为南京的幼慈院募捐，所以也在现场，所以顺便发表演说："华侨过去筹款救国，汇回国内政府转交财政部了事，现在应该自己做点实际事情才有意义。"这引起当地华侨共鸣，当晚，波特兰华侨就成了美洲华侨航

> 1938 年，在唐人街组织游行捐款抗日的美国华侨

空救国会，次日成立有 30 人的筹备委员会，11 月 15 日招生，办学宗旨是："训练航空人才，对外巩固国防，尽力拒敌；对内为发展航空事业，永不参加任何政争内战。随即华侨捐款，购买飞机两架，并建立机场，1931 年底开学，设有航空术、航空理论、国耻史三科，第一期招录 15 人，第二期招录 19 人，学习时间为半年，1932 年 8 月 20 日，第一批毕业生 12 人乘船回国，辗转上海、南京后，终于被广东空军收留，在广东空军的华侨特别班受训半年后，编入各队服役，第二批毕业生也于 1933 年 2 月归国，加入广东空军。由于经费原因，该校仅办了两期，却培养出了黄沣扬、陈瑞钿等中国的王牌飞行员，而杨仲安、雷炎均后来分别成为国民政府空军的少将和上将，更有诸多飞行员在南京保卫战、南昌空战中英勇奋战，光荣牺牲。另，美洲华侨学校在第二批学生中还有两名女学员，一个是林月英，一个是黄桂燕，虽然同期回国，但遗憾的是，这两位的经历和权基玉比起来，简直就是命运多舛了，黄桂燕在空军部队担任打字员，在广东空军投奔蒋介石后，她随迁到南昌，最终病故在那里，而林月英，居然是在笕桥的空军基地担任图书管理员，直到后来返美后，才有机会重新驾驶飞机，不然，中国版的权基玉说不定也能变成现实。

而在美洲华侨航空学校因为经费原因难以为继时，另一所华侨创办的航空学校却正如火如荼。1931年9月24日，旧金山的中华会馆等21个侨团联合成立了美洲华侨拒日后援救国总会，1933年7月27日，该总会根据广大侨胞意愿，创办旅美中华航空学校，校址是旧金山的中华学校，机场是租用加州的圣马迪奥飞机场。该校的宗旨类似美洲华侨学校："栽植航空人才，巩固国防，永不参加任何内争。"甚至该校的校规还有一条是："学生于毕业后，须遵本校命令回国拒敌，并不得参加任何内战。"而该校的第一条就是："学生必须尊重本人人格，养成一纯正之军人。"

该校从1933年创办到1941年共办3期班，第一期仍然和美洲华侨航空学校一样，进入广东空军华侨班受训，然后编入广东空军，唯一的区别是，他们是带着10架华侨自己购买的军机回国的。而第三期，由于1936年的六一事变，广东空军的主力几乎全部背叛陈济棠，北上投蒋，所以最后都加入了中央空军。而第三期的学员则于1939年四五月份回国进入中央空军学校学习，最终飞行学员被派往新疆、四川等地空军服役，机械班学员则被编入空军第10修理厂工作。培训三期学员后，由于国民政府对于该校学员的不信任，在美国培训后还需要进入中央空军学校再次培训后方可参加抗战，该校认为国民政府不信任自己，认为国内航空界对他们另眼相看，所以决定不再办学。

近代以来，中国式微，孙中山先生的航空救国能引起国人的强烈共鸣，而孙中山先生在海外的活动，自然也伴随着航空救国的理念，广东是著名的侨乡，而海外华侨，尤其是美国华侨，以广东居多，这就几乎形成了广东籍华侨肩负起中国空中国防的重担，事实上，由于当时的中国革命起源地基本是在广东，归国华侨基本支持孙中山先生的新中国理念，回国后，由于本身就是广东人，所以广东的航空事业发展最是声势浩大。而广东华侨对航空事业的热爱，又促使了云南空军的发展，广西空军的发展乃至于东北空军的发展，因为这些地方的空军，其人员最初来源，几乎都是广东华侨。

飞虎队里面到底有多少华侨飞行员

飞虎队是近年来颇为热门的词语，一方面源于对抗战活动的纪念，另一方面，则不得不说和飞虎队的人员来源与组成有关，即各种媒体报道中几乎一致认定的"这是一支混合部队,既有美国的飞行员,又有华侨的飞行员,尤其是许多媒体最喜欢的题材——华侨飞虎队员归国参加某纪念活动等",更是把这一题目炒得沸沸扬扬,但往往又有许多报道在谈及飞虎队时,字里行间均不提及飞虎队中的华侨或者华裔飞行员,这是何解?其实,二者都没错,因为他们所谈论的出处不同:典型意义上的飞虎队,即美国志愿援华航空队(America Volunteer Group,简称 AVG),其在中国的活动时间是 1941 年的 8 月 1 日到 1942 年的 7 月 3 日,由当时的中国空军顾问陈纳德上校组建,主要是陈纳德以美金在美国海军航空兵或者海军航空兵部队中招揽而来,最初陈纳德上校招募的飞行员,总数 110 名,真正的战斗机飞行员只有 17 名,剩下的虽然有驾驶飞机的经验,但基本没有驾驶过战斗机,17 人当中,5 人来自美国陆航第一大队,8 名来自美国陆航第八大队,4 人来自美国海航。另外,陈纳德还招录了 200 多名地勤人员,这些人员基本都是从现役部队中以 600 美元月工资(大约是中国空军人员的 20 倍)外加击落一架日机奖励 500 美元的高价雇来的。这些美军人员里面,除了地勤约 100 名华人外,可以说飞行员几乎没有华人(另有资料说有 11 名华人飞行员,但也没有击落敌机的记录,即使有,也没有多大贡献),所以许多资料里面不提飞虎队里面有华人飞行员,基本是可信的。

陈纳德的 AVG 使用的主力战机是寇蒂斯公司的 P-40C,原本是卖给法国的,但法国很快投降,最终着急的寇蒂斯公司终于将这批找不到下家的飞机卖给了着急需要补充战机的中国政府。在一年多的时间里,先是秘密训练,丝毫不让日军知道中国的"撒手锏",让陈纳德用自己独特的"扑杀战"技巧在缅甸训练,然后于 1941 年年底形成战斗力,并快速出击,由于飞虎队的战机涂装是插翅飞虎队徽和鲨鱼头形战机,又由于飞虎队的出击效果不错,在不到一年的时间内,大约击落了 171 架敌机,而己方损失大约 89 架左右,在中国空军失去制空权的情况下,堪称力挽狂澜,尤其是挽回了中国军民抗战的决心,所以其作用尤为特殊。

1942 年 7 月 4 日,AVG 接到了就地解散的命令,其最重要的原因,居然是美国新派到中国战区的史迪威与陈纳德有矛盾。被解散的飞虎队队员可以分批返回美国,愿意继续参战的则同另外一批美国新近补充到亚洲的飞行员——太平洋战争爆发后，美国开始鼓励华侨参加美国军队，自然也包括空军部队，于是许多甚至原本偷偷摸摸训练飞行技巧的华裔青年，纷纷参军——自然就来到了中国，这些人员最终组成了美国空军第十四飞行总队第二十三战斗队，当时，由于中国和美国已经是盟国，所以美国承诺帮助国民政府重建中国空军，在未来对日本发动反攻时，中美空军将接受统一指挥，协同作战。美军司令部把这支构想中的部队称之为"中美联合空军"（China American Composite Wing，英文缩写是CACW），由于持续的战斗减员，在1942年12月28日，中美联合空军仅仅剩下85人，而到了1943年5月份，即使加上新补充来的飞行员，也才52人，原因，除了美国军方高层的自乱阵脚——许多飞虎队员纷纷离去，还有一个原因就是飞虎队原本的飞行员此时已经没有了原本的高额回报，国民政府此时已经把他们当成了普通的美军战士，这使得许多原本为钱而来的美国飞行员人心大乱。而此时大权旁落的陈纳德则哀求那些飞虎队原本的技术骨干最好留下来，最起码在传授了飞行技巧后再离开。1942年，在飞虎队留下了5名种子队员之后，当年9月，飞虎队员和刚来的32名从世界各地新来的美国飞行员一道，已经适应了陈纳德发明的"扑杀战"技巧，而此时，美国陆军司令部又下令将第二十三战斗队和第十六战斗机中队合并，改称为美国空军驻华特遣队，英文简写为CATF，改编之后，所有飞机上以美国陆军的星条图案，但这支部队的负责人依然是陈纳德，此时已经被美军授予准将之职，但由于史迪威的刁难，从印度来的美军的补给，经常是先满足美国陆军的需要，所以此时的中美联合空军，战斗力大为下降，但美国援助中国的战机此时却逐渐增多，许多时候，战机运抵印度后，国民政府直接派飞行员

> 飞虎队领导人陈纳德，其领导下的飞虎队，其实最多的队员是华侨华裔以及一直抗战的普通中国士兵

前往印度展开训练，而国民政府派到印度的飞行员，相当一部分就是在美国受过训练的华侨或者是派往美国训练的现役军人，在经过几个月的训练后，到1943年开春之时，中国空军实力已经大增，据帮助中国培训飞行员的美国空军教官托马斯·雷诺说这批飞行员的素质在同期的美国飞行员之上。

而此时，陈纳德辗转腾挪培训的新队员，在老飞虎队员的培训下，也已经显现出不错的气象，驻华特遣队的绘有鲨鱼图案的战机又开始在中国西南的天空频繁出没，当地的百姓纷纷传说——飞虎队又回来了。于是许多人将这支部队再次称为飞虎队，其实，此时经过训练的特遣队员无论是建制规模以及实力已经远远超越了当初的飞虎队，但由于"Flying Tiger"的名头太响亮吧，许多飞行员都愿意把自己当做飞虎队的一员，而当初组建飞虎队的陈纳德将军，此时无疑是最高兴的，毕竟这表明无论是中国民众还是美国官兵，对于飞虎队的功绩都是非常认可的，这也是所谓的"新飞虎队"的来由，也是许多华侨或者华裔飞行员说自己来自飞虎队的来由。

甚至，1943年秋天的时候，许多中国飞行员受飞虎队和驻华空军特遣队的影响，也把飞机的机头画成鲨鱼的样子。飞虎队的鲨鱼图案，此时更是成了中华民族不屈抵抗入侵的一种图腾。

1943年4月25日，驻华特遣队被美国陆军第十四航空队收编，其后，陈纳德实际上能直接动用的，只是第68和第69两个大队。而1943年10月以后，中国战场上事实上存在着3支空中力量，即已经成长起来的中国本土空军，美国驻华第十四航空队和由这两支部队各抽调部分兵力组成的中美联合空军，中美联合空军的原本任务是美国飞行员"传帮带"，教会刚刚组建的中国空军人员飞行技巧，以方便对日作战，减轻美军自身在太平洋战场上的压力，随后即撤出，但实际上，中美联合空军，即所谓的新飞虎队，一直坚持到了抗战胜利。

值得一书的是，日本偷袭珍珠港后，美国对日宣战，此时美国政府鼓舞华人入伍，尤其是欢迎会说中文和英文的华人，因为将其投入中缅战区时，自然方便许多，所以中美联合空军中的美国华侨大约有1000之多，除了一部分是飞行员外，大部分是机械师、电工、工程师等职位。

> 飞虎队的五机编队照

美国华侨飞行员的抗战功勋

在抗战爆发后,美国有 1000 多名华侨回国参战,其中飞行员就有 120 多人,这些飞行员在战斗中发挥了极大的作用,有效地抵抗了日军侵略的铁蹄。所以,这里又要纠正一个观念,似乎在许多人的眼中,华侨飞行员的爱国举动是伴随飞虎队而来的,而飞虎队,已经是 1941 年的事情了,早在 1931 年九一八事变后,就有许多爱国华侨已经回国参加对日寇的战争,比如上文提到的陈瑞钿,就是在 1932 年年仅 19 岁时和其他 13 位华裔青年一起(其中一位爱国女青年不是飞行员出身),共同搭船前往中国,历尽艰辛,终于加入中国空军队伍。

比陈瑞钿回国还要早的,是 1926 年回国的黄毓铨,黄毓铨 1904 年出生于美国,后来就读于美国芝加哥西斯鲁机场附近的三民飞行学校,1926 年毕业后和哥哥黄毓沛双双回国,兄弟俩还是进入广东空军,黄毓铨次年被革命政府派往苏联学习,回国后担任广东飞行学校教官,后进入中央空军第六航空队,担任副队长,队长是黄毓沛,1932 年淞沪会战,19 路军和宪兵六团以及张自忠将军的第五军，总兵力5万，会同中央空军第2、6、7航空队以及北上助战的广东航空队，共计飞机32架，和日军鏖战。

1925年2月5日上午9时，中国空军第六大队大队长黄毓沛率领部下17人分别驾驶9架飞机（含容克斯K-47双座战斗机、LinCoCk Ⅲ式战斗机、钱斯·沃特O2U-1/V-65C"海盗"式轻型侦察/轰炸机以及道格拉斯O2MC-4轻轰炸机），刚准备从南京明故宫机场转场至上海虹桥落地，挂弹加油以后再攻击吴淞口外的日军舰船，忽闻防空警报长鸣，于是其中的4架战斗机起飞迎战，并在昆山一带上空与日海军2架（一说3架）由平林长元大尉带队的舰载轰炸机以及3架由所茂八郎大尉带队的舰载战斗机狭路相逢。

我机旋即展开勇敢反击，但双方缠斗时间很短，而且双方的空战经验显然都还生疏，所以基本打了个平手。其中一架敌机受伤，我方则有两人负伤。

在广州结婚假满由粤返沪的第六大队副队长黄毓铨，刚抵达虹桥机场，获悉胞兄黄毓沛正在空中与敌作战，黄毓铨放下行装，立即穿上飞行服，不顾一切登上朱达先的受伤战机开动起飞，尾翼操作索断裂的那架LinCoCk Ⅲ型飞机再次出击，飞机刚刚离开地面就摔了下来，机毁人亡。事后经检查，发现操纵系统的钢丝绳大部分已断，骤然大力拉杆上升，剩余钢丝承受不住，全部断开，造成事故。朱达先也于数日后因伤重去世。出师未捷身先死的黄毓铨，成为中国空军为抵御日寇牺牲的第一人。

他牺牲时年仅28岁，新婚不足20日。是年6月，广东台山县人民为了纪念这位抗战英雄，特在县城东部石花山上竖立了纪念碑，以示对烈士的怀念。

这次空战，是中日之间首次空中交手。虽无战果，却体现出中国飞行员不畏强暴、坚决抗敌的英勇气概。

1937年8月15日，在南京句容的以陈瑞钿、黄泮扬、黄瑞新、雷炎均、苏英祥等归侨飞行员为主组成的第三飞行大队，驾驶最新式的但依然落后的霍克2双翼战机，击落敌三菱九六式轰炸机4架，并令受伤返回济州岛的6架日机几乎无法修复，而中方无一损失。从济州岛起飞的日军王牌木更津轰炸机队遭到了沉重打击。这其中，陈瑞钿击落敌机一架，黄泮扬击落敌机一架。

1937年9月19日，华侨飞行员，第28中队中队长陈其光在山西太原单机和多架日机周旋，击落号称"射击王"的日军航空大队长三轮宽少佐，三

空战英豪：王牌飞行员的天空

> 原抗战空军华裔王牌飞行员陈瑞钿，后来，他被追认为美国二战第一位王牌飞行员，他的战绩是6架日本飞机

> 爱国华侨陈瑞钿和自己的座机合照

轮宽座机坠落于麦田，居然被闻讯而来的农民用乱棍打死。

而随后的粤北空战中，陈瑞钿甚至迫降日机一架，在1938年的武汉会战中，其又击落敌机3架。1939年秋担任副大队长的陈瑞钿，参加了南雄空战和昆仑关空战，在12月27日的昆仑关空战中，由于要掩护苏联援华空军的轰炸机，陈瑞钿和战友的3架战机和日军10架战机猛烈交战，一个小时的激战后，中方击落敌机3架，但陈瑞钿的座机也严重受伤，因为座机油箱起火，陈瑞钿带火跳伞，虽然借助高速气流吹灭了身上的火焰，但还是被严重烧伤，因交通工具不便，3天后才被送到柳州医院，因为面部伤口已经感染，且当地条件差，辗转到中国香港、美国治疗，虽然经过了5年的治疗，但面部依然变形，原本混血儿的英俊脸庞不复存在，但伤好后，他依然返回战场，在驼峰线执行空运任务，陈瑞钿的事迹当时就被广泛传颂，其本人更是被称之为"中国战鹰"。

1937年到1939年间，陈瑞钿击落敌机6架，协助僚机击落敌机3架，在空战中，陈瑞钿英勇善战，其座机曾3次被击落，但都侥幸跳伞成功最终生还。由于陈瑞钿回国后参加的广东空军，1936年时才随着陈济棠的归附中央而变为中央空军，在讲究派系的国军里面，陈自然是属于被排挤的，而抗战结束后，陈又回到美国，甘心在波特兰的邮局从事最普通的工作,最终自然容易被遗忘。但有人没有忘记,他的战友、飞虎队成员肯恩·杰恩斯特,曾在1940年和回美国疗伤的陈瑞钿一起乘机,在肯恩了解了陈瑞钿的英勇作战精神、卓越战功以及不幸遭遇后,深为感动,肯恩坚持认为,陈瑞钿是美国二战的第一位王牌飞行员,即使是在飞虎队之前,中国曾经于1937年组织过类似于西班牙的国际纵队——有许多国家,包括7名美国飞行员参加的空军部队,但效果并不突出。

由于肯恩本身就是王牌飞行员(ACE),曾击落敌机5架,摧毁地面敌机7架,且退伍后曾担任俄勒冈州的参议员30年,活动能力很强,所以,虽然面临争议(主要是陈瑞钿没有在美军服役,1940年就几乎退役,而美国参战已经是1941年),还是在1997年时,被认定为美国二战中的第一位空战英雄,事迹在位于德克萨斯州米兰德(Midland)的美国空军历史博物馆展出,该馆下属还有美国空军战斗英雄馆,专门收集和展出美国空军的英雄事迹,此后,陈瑞钿的事迹被广泛传颂,而以他的事迹为基础编成的英文青少年课外读物,曾经风靡一时。

和陈瑞钿同时归国的黄泮扬,也是空中虎将一员,其7岁随父亲到美国,由于强烈的民族自尊心,于是决定学习技能报效祖国,恰逢1931年12月美国华侨创办美洲华侨航空学校,遂决定投报,但此时由于年龄不足,一度被拒绝,但在一再请求下,终于被录取,1934年时已经担任分队长,不久也前往德国学习,回国编入笕桥航校高级班,毕业后也担任教官,随后任空军第三大队中队长,奉命驻守句容,拱卫南京。1937年8月,日军飞机袭击杭州、南京、句容等地,他率队迎敌。后来又参加衡阳、南雄、汉口、广州、重庆等地对日空战。他杀敌英勇,指挥有方,战绩卓著.1938年4月升任副大队长,7月升为大队长。1939年2月22、23日两天,在广州空战中,他率队击落日机15架。黄泮扬个人战绩大约8架,成为抗战时期有名的华侨空军英雄。

美国归侨空军烈士黄新瑞,1914年出生于美国洛杉矶的一个爱国侨商之家。其父早年曾多次资助赴美从事革命活动的孙中山。受父亲影响,黄新瑞小时就产生爱国思想,立下报国之志。1932年沪抗战爆发后,他为将来能驾驶飞机保卫国土,进入洛杉矶中华会馆办的航校学飞行,后进波特兰斐摩上校飞行学校深造。1934年春学成回国,在广东空军第二队当飞行员。1937年夏晋升为中央空军第十七中队分队长。1938年初调往广州,任二十九中队队长。抗战刚爆发,他即多次驾机征战。

1937年8月15日、8月22日,参加南京空战,1938年2月24日参加汉口空战;4月13日参加广州空战,1939年2月24日参加南雄空战。特别是在广州空战中,日军出动26架飞机对广州地区和粤汉铁路进行轰炸。中国驻粤空军的第二十八、二十九两个中队共有12架飞机会同迎战,结果击落日机7架,其中黄新瑞一人击落日机3架,为这次以少胜多的空战立下战功。此后,他在一次空战中负伤,先后在广州、中国香港治疗。1940年底康复归队。自开战以来,他一人在多次空战中共击落日机8架,因战功卓著,被提升为空军第五大队队长。

1941年3月14日,日军大批"零式"驱逐机向成都扑来,黄新瑞奉命率第5大队采取重层配置战术,从成都西南双流机场起飞迎战。11时53分,双方在重庆与双流上空展开半个多小时的搏斗,结果有6架日机被击落,黄新瑞和副大队长及分队长华侨飞行员江东胜等壮烈殉国。黄新瑞是抗战时期,为保卫祖国领空立下不朽功勋的华侨英烈。他为国捐躯月余,其妻生下一男孩,名字是侨美祖父特意命取的。盖子为国捐躯于川,而孙继在川生,故名"川生",其为寓意效国者后继有人,国仇家恨以志不忘。

结语

抗战中,从美国归来的华侨飞行员以及从其他国家归来的侨胞飞行员,为中国的国防事业贡献了极大的力量,也做出了极为巨大的牺牲,他们的这种为国效命的牺牲精神,源自于对祖国强烈的爱,源自于内心强烈的中国梦。这些华侨飞行员不但为抗战奉献力量,甚至后来的人民空军,也多有他们的身影,当然,这已经是后话了。另外,在抗战中,在世界各地的华人华侨包括华裔都为抗战积极贡献自己的一份力量,为抗战的最终胜利做出了积极的贡献!但这显然不是这片文章所能容纳的,需要另起多篇了!

美国华侨的航空救国之路

> 王牌飞行员黄泮扬

> 在抗战中,除了美国华侨,在世界各国的华人华侨都贡献自己的一份力量,图为1942年5月,菲律宾华侨抗日游击支队(简称华支)成立,成立之初称"四十八",暗含向八路军、新四军学习之意